信長 空白の百三十日

木下昌輝

JN249824

文春新書

1277

信長　空白の百三十日◎目次

はじめに

『信長公記』は、織田信長に関する一級史料である。信長の重臣の太田牛一が著したものだ。第零巻ともいうべき首巻《しゅかん》からはじまり、巻一から巻十五まで、全十六巻。

首巻は、信長の父や織田一族の簡単な履歴と、信長の若き頃の逸話や桶狭間《おけはざま》合戦の詳細などが書かれている。年代でいえば天文《てんぶん》三年（一五三四）から永禄《えいろく》十一年（一五六八）まで。

つづく巻一は、足利義昭《あしかがよしあき》を奉じて上洛《じょうらく》する永禄十一年のことが書かれている。

巻二は、伊勢《いせ》を平定する永禄十二年。

巻三は、朝倉浅井《あさくらあさい》と戦う永禄十三年。

という具合に、巻ひとつごとに一年を費やし、最後は本能寺《ほんのうじ》の変を迎える天正《てんしょう》十年の巻十五で完結している。

首巻は、天文三年から永禄十一年と三十四年間の記録になる。読んでみるとわかるが、詳細には書かれていない。桶狭間の合戦などはさすがに紙数を割いているが、細かいエピソードに脚色や潤色の気配を濃く感じる。

だが、巻ひとつにつき一年が記載される巻一以降は、かなり詳しく信長の行動が記されている。なかには、信長の領国でおこった美人局事件など、なぜこんな事件を記述しているのか謎の記事もある。しかし、信長がいかに移動してどこに泊まり、どんな感情を持っていたかが実によくわかる。

信長という人間のパーソナリティ（個性）が最も濃く現れている史料だ。同時に、粘着質に信長を記録した太田牛一のパーソナリティも興味深い。今回、資料整理を手伝ってもらった友人がいるが、『信長公記』を読んで、「まるでジャニーズのおっかけのブログを見ているようだ」といった。太田牛一の微に入り細を穿《うが》つ表現に、彼のパーソナリティが如実に現れているのだろう。

そこで、今回、新書を執筆するにあたり、『信長公記』を自分なりに読み込んでみた。参考にしたのは、ちくま学芸文庫の『現代語訳　信長公記（全）』である。

すると、奇妙な空白期間があることに気づいた。

天正八年の八月十八日から、同年の十二月晦日《みそか》までの約四ヶ月半の信長の記載がごっそり抜けているのだ。正確を期すると、その期間の『信長公記』の記載が存在しないわけではない。

徳川家康《とくがわいえやす》の高天神《たかてんじん》城攻めが順調に進んでいることが記録されているし、その前の天正八年十一月十七日には、北陸の軍団長の柴田《しばた》勝家《かついえ》の活躍も記録されている。一応、それに対する「信長公のご満足はひとしおであった」という信長についての記述はある。

だが、これまでの信長の濃密な行動描写に比べると、あまりにも少ない。一体、これはどういうことだろうか。

『織豊期主要人物居所集成』は、織田信長が何年何月何日どこにいたか『信長公記』だけでなく貴族の日記などからも追跡したものだ。

以下は、天正八年八月十八日から十二月晦日までの空白時の記録である。

八月二十三日　上洛　「兼見卿記《かねみきょうき》」
八月二十四~二十六日　在京　「兼見卿記」「お湯殿《ゆどの》の上《うえ》の日記」
八月二十八日　京都発安土《あづち》へ　「兼見卿記」
九月十九日　安土在　「宗及《そうぎゅう》茶湯日記　他会記」
十月十四日頃　安土在　「お湯殿の上の日記」
十一月十七日　安土在　「信長公記」

十二月二十七日頃　安土在「お湯殿の上の日記」

どうやらこの間、信長はほとんど安土にいたようである。約四ヶ月半の間、安土で何をしていたのか。距離的に近い京に出張した可能性は低い。信長が上洛すると、貴族たちが出迎えにいくことが多い。牛一が『信長公記』に書き漏らしていたとしても、貴族の日記などからその動向が探れるはずだ。

信長の特徴として、恐ろしく行動的なことがあげられる。

永禄十二年（一五六九）、京にいる足利義昭が敵に囲まれたことがある。おりからの大雪だったが一報が入るや否や、信長はすぐに出陣。三日の道を二日で踏破して救援に駆けつけた。他にも天正三年には美濃《みの》国岩村《いわむら》城救援のため、京から不眠で約百三十六キロメートル離れた岐阜《ぎふ》城へ戻ったり、天正九年には竹生島《ちくぶしま》参詣の海陸往復約百二十キロメートルを一日でこなしている。

だが、天正八年の約四ヶ月半の間、信長は安土にじっと留まっていたのだ。

これは奇妙ではないか。この空白期に信長に何があったのか。

それ以外にも想像を刺激される〝空白〟が、『信長公記』にはいくつもある。本能寺の変の直前、明智光秀《あけちみつひで》による愛宕山《あたごさん》での籤引《くじびき》もそうだろう。籤《くじ》を引いた記述はあるが、その内容や理由は空白である。いわば「本能寺の変の空白」ともいうべきもので、そこに想像を膨らませる余地がある。

あるいは、「合戦の空白」もある。今回、『信長公記』を再読してみて、信長が天正四年（一五七六）六月以降、合戦らしい合戦をしていないことがわかった。戦場には出ているが、視察のような仕事しかしていない。桶狭間の合戦のような太刀《たち》を打ち合わせることや長篠《ながしの》合戦のように采配の妙を見せることがなくなった。だけでなく、合戦とは関係ない遊芸にうつつを抜かしている（それも戦場で）。好戦的な信長に、なぜこのような「合戦の空白」が存在することになったのか。

天正八年の空白期の直前にあった、軍団長の佐久間信盛《さくまのぶもり》の解任もそうだ。この不可解な事件も「人事の空白」といっていいだろう。

今回は、そんな「信長公記の空白」の数々を読者の皆様に楽しんでもらえればと思っている。

空白を読むことで、読者が知らなかった信長という人間のパーソナリティが浮かび上がってくるはずだ。

第一章　信長の前半生

義昭とともに上洛

信長の空白を語る前に、『信長公記』（以下、公記）の記載について見てみる。首巻については詳述せず、要所で参考程度に必要な部分を紹介する。

先述したように、一巻一年形式で信長の行動が記述されている。

傾向としては後の時代になるほど、記載が充実してくる。将軍義昭を奉じて上洛した巻一の永禄十一年（一五六八）などは、以下のように記事数が六つととても少ない。

また公記だけでなく、宣教師《せんきょうし》のルイス・フロイスの『日本史』（以下、日本史）や貴族の日記など信長と同時代に生きた人々の記録も参照する。

04の軍事上洛や06の岐阜帰還など主語がないものは、すべて信長の行動である。

《巻一　永禄十一年　一五六八》

01　将軍家の状況描写
02　義昭の状況描写
03　七月、義昭へ使者派遣
04　九〜十月、軍事上洛
05　十月、義昭による信長接待
06　十月、岐阜帰還

公記の巻一は、まず将軍足利義輝《よしてる》が、三好《みよし》三人衆らに弑逆された記事ではじまる。永禄八年（一五六五）のことだ。つづいて義輝の弟の義昭が、南近江《おうみ》の六角《ろっかく》家や越前《えちぜん》の朝倉家などを転々と亡命する様子を記し、最終的に信長に助勢を求める。

永禄十一年七月二十五日、信長は越前にいる義昭を迎えるために重臣を派遣。美濃で義昭を迎え、八月七日に近江の佐和山《さわやま》へと向かう。妹のお市《いち》の方を娶らせた義弟の浅井長政《ながまさ》の領地である。そこから、南近江の六角家に協力を要請するも拒否される。

九月七日に上洛の軍を起こす。まずは南近江の六角家が立ちはだかった。信長自ら馬を走らせて敵城の様子や周囲を見聞し、諸将の配置を決定。子飼いの馬廻衆《うままわりしゅう》（親衛隊）を前線に投入した結果、十三日には六角家の本拠地の観音寺《かんのんじ》山城を占拠。一年前に信長の軍門に降った美濃勢を温存する、余裕の勝利だった。

さらに進軍して、抵抗を受けることなく入京を果たす。三好勢を討つために京と摂津《せっつ》の間にある山崎へと兵を進めた。山崎方面の敵を簡単に平らげて、十月二日には摂津の池田城を攻める。信長は北の山に本陣を置き、部下の活躍を見物した。城下を焼かれ、守将の池田勝正《いけだかつまさ》は降伏。これをきっかけに畿内の勢力は全て降参した。松永久秀《まつながひさひで》などが名物の茶器を持参して軍門に降った。

義昭は本圀寺《ほんこくじ》へと入り、十月二十二日に征夷大将軍《せいいたいしょうぐん》に就任。

二十三日に、祝いの能楽を義昭とともに見物。十三番の能が披露される予定だったが、信長が「まだ天下平定の途上」と五番に縮小させた。後述するように、晩年の信長は遊興にふけることが甚《はなは》だしいが、この頃はかなりストイックだ。

四番目の『道成寺《どうじょうじ》』の時に、義昭は信長に鼓を打つように要望。が、これも信長は辞退。公記では「御つづみ」とあり、大鼓なのか小鼓なのかわからない。公記首巻には「信長公天人のご衣装で、小つづみを打ち」と若き信長の姿を描いている。信長は小鼓が得意だったようだ。義昭から小鼓の演奏を要求されたのではないか。『道成寺』は乱拍子といって、小鼓と演者との一騎討ちともいうべき場面がある。これを信長が打つところも見てみたかったような気がする。

その後、信長は領国中の関所通行税の廃止を通達。この後も、信長は所領を拡大するたびにその地の関所を廃止している。内政に関しては、信長の姿勢はこの頃からぶれがない。信長の経済政策といえば楽市楽座《らくいちらくざ》が有名だが、公記を読む限り最も重視したのは関所の廃止のようだ。

十月二十五日、義昭から感状を受ける。文面には「御父　織田弾正忠《だんじょうちゅう》（信長）殿」とあり、義昭の信頼のほどがわかる。

信長が岐阜へと帰還したのは十月二十八日で、公記の巻一の記載は以上である。

このように、信長の上洛に関する記事だけに絞られており、それ以外の信長の私生活は一切記されていない。記述者である太田牛一の興味のありかがわかる内容だ。あくまで太田牛一の興味は、信長上洛というキャンペーン（軍事作戦）にのみ注がれている。織田家で三本の指にはいる弓名人でもある牛一は、後世に名が残るキャンペーンを自身の記念という意味で記述したのだろう。興味の対象は、あくまで軍事上洛というイベントだ。甲子園に憧れる高校生に似ている。

翌年の永禄十二年は、新年早々の一月四日から事件がおこる。前年に京から駆逐した反義昭勢力が軍事行動を起こしたのだ。将軍義昭のいる本圀寺が囲まれる大ピンチに陥る。

巻二の公記の記載を見てみる。

将軍御所造営

《巻二　永禄十二年　一五六九》

01　一月、義昭が本圀寺に囲まれる
02　一月、軍事上洛（援軍のため）
03　二月、御所再興
04　?月、内裏《だいり》修理
05　五月、京名物収集、岐阜帰還
06　八月、伊勢遠征

07　八〜九月、伊勢遠征
08　?月、伊勢関所廃止
09　十月、伊勢神宮参拝と上洛、岐阜帰還

岩成友通《いわなりともみち》、三好長逸《ながやす》、三好政康《まさやす》の三好三人衆、元美濃の国主で信長によって国を追われた斎藤龍興《さいとうたつおき》らが牢人を糾合し、義昭のいる本圀寺を囲ったのだ。一月四日のことである。

一月六日、岐阜の信長のもとに急を報せる飛脚《ひきやく》が到着。将軍義昭の危機を知った信長の行動は素早かった。義昭を討ち取られてしまっては、前年の信長の軍事上洛が水泡《すいほう》に帰す。その日は大雪だったが、信長はただちに岐阜を発ち、三日かかる道のりを二日で踏破して本圀寺へと到着。だけでなく京都到着時、伴はわずか十騎足らずという無防備さだった。幸いにも将軍を守っていた明智光秀や周辺に控えていた細川藤孝《ほそかわふじたか》らの活躍で敵を退けることができた。

在京する信長は、畿内、尾張《おわり》、美濃、伊勢、若狭《わかさ》、三河《みかわ》など十四ヶ国から人夫を呼び、将軍御所の改築工事を始める。この頃、信長は普請現場に詰めていたようだ。貴族の山科《やましな》言継《ときつぐ》が、普請現場にいる信長を度々訪ねたことを日記に記している。山科言継の日記では、

二月七日から工事の様子が描かれている。「日々数千人の普請なり」とある。が、二月九日に「南の岸崩れ、人夫七、八人死ぬ」という不吉な記述もある。決して順調な工事ではなかったようだ。

同日記によると、普請現場の信長を言継が訪れたのは、二月は十四、十九、二十、二十三、二十四、二十六、二十七日。信長を見舞い、そのまま普請現場の見学をしたことが記されている。ただし、二月二十三日は「機嫌悪とて不出」とあるので、信長とは面会できなかったようだ。

三月は六、七、九、十一、十四、十六、二十一、二十五、二十八日に、信長と普請現場で面会。まるで現場監督のような信長の仕事ぶりだ。はたして政務をとっていたのだろうか。

三月三日は、細川邸にあった大石を運ぶ指揮を信長自らがとっている。大石を綾錦《あやにしき》や様々な花で飾り、何本もの大綱でくくり、音楽を演奏しながら移動するという大変に賑やかなものだった。それを、信長自らが指揮したのだ。のりとしては、祭りの時に神輿や地車の屋根に乗る若者の感性に近いのかもしれない。

言継の日記にも「織弾（信長）三四千人にて大石を引く、笛鼓にて演奏する。日が暮れたので、堀の内側に入れず」とある。翌四日の日記に「昨日の石、堀の内側に引き入れ」とあるので、二日がかりの大仕事だったことがわかる。

三月十一日の言継の日記には「寒嵐のため、織弾（信長）不出」とある。春の嵐の冷風は、相当にきつかったようだ。連日の普請現場の指揮で、信長にも少々疲れが出ていたのかもしれない。

ちなみに、三月十三日に宣教師のルイス・フロイスが信長に普請現場で謁見している。実は、この頃、朝廷が信長に副将軍の就任を打診している。細川藤孝邸の大石運搬の一日前の三月二日のことらしい。だが、信長にとっては副将軍の位よりも、自分が手掛ける将軍御所の出来具合の方が重要だったようだ。

さすがに四月は普請現場を離れた。貴族たちが信長と宿舎で会ったと記録にある。二十一日に京を発ち、岐阜城へ戻った。公記の記述では茶器の名物狩りを行ってから五月十一日に岐阜に帰城とある。日付は、牛一の誤記だろうか。

八月二十日から、伊勢遠征。馬上で戦場を検分した後、東の山に陣をはり、すぐに町を焼き払う軍事行動に移った。伊勢国司の北畠具教《きたばたけとものり》を屈服させ、次男の織田信雄《のぶかつ》をその養子にいれることを承諾させた。さらに伊勢国の関所廃止政策を実施。

まだこの時点では、公記は事件性のある記事を抽出するのみである。特記するべきでないと判断した信長の日常部分は、ばっさりと削除している。山科言継の日記などの方が、信長の日常やキャラクターがより濃く垣間見えるようになっている。
翌元亀《げんき》元年（一五七〇）の巻三も、信長の個性がにじむトピックのみ抽出し記載している。

宗教勢力との開戦
《巻三　永禄十三年（元亀元年）一五七〇》

01　二～三月、安土相撲、上洛
02　？月、京名物収集
03　四月、将軍邸完成祝い、越前遠征
※　永禄から元亀に改元
04　四～五月、越前遠征（浅井家裏切り）
05　五月、信長暗殺失敗
06　六月、近江の状況描写

07　六月、江北遠征
08　六〜七月、姉川《あねがわ》合戦
09　八〜九月、大坂遠征
10　九〜十二月、朝倉浅井と対陣、岐阜帰還

永禄十三年は比較的平和な行事からはじまる。

01の安土相撲は、信長が開催した相撲の大会だ。信長は相撲が好きで、幾度となく相撲の大会を開催しており、ほとんどの会場が安土城である。この時期に安土城があったわけではないが、開催地は安土にある常楽寺のため安土相撲と記載した。

二月二十五日に岐阜を発ち、三月三日に安土で相撲大会を催す。近江国中の力士を呼んだという。活躍した力士の名が列挙されており、鯰江又一郎《なまずえまたいちろう》と青地与右衛門《あおちよえもん》は家臣に召し抱えられた。役職は相撲奉行である。

ルイス・フロイスの日本史でも、「(信長は）目前で身分の高い者も低い者も裸体で相撲《ルタール》をとらせることをはなはだ好んだ」とある。実際に信長は、力士だけでなく自分の家臣たち——日本史でいうところの身分の高い者にも相撲をとらせたと公記に記載されている。

これより八年後の天正六年（一五七八）八月十五日に千五百人もの相撲取りを安土の城に集めた時だ。余興として、相撲奉行を務めた者たちに相撲を取ることを命じた。その中には、堀秀政《ほりひでまさ》、蒲生氏郷《がもううじさと》ら後の豊臣政権の重鎮や信長腹心として活躍する万見重元《まんみしげもと》などもいる。今でいえば、総理大臣が若手議員に相撲をとらせるようなものか。

相撲大会の二日後の三月五日に上洛、名物を収集し、四月十四日に、将軍義昭邸の新築祝い。祝いの席で信長は義昭に官位をすすめられるが辞退している。

四月二十日に朝倉攻めのため京を出発。手筒山城の攻略では自ら馬を走らせ偵察し、激しい督戦で一千以上の首級をあげる。順調に攻めあがるが、ここで義弟の浅井長政に裏切られる。よく、朝倉と浅井は長年の同盟国といわれている。浅井長政の祖父の亮政《すけまさ》の時代に、朝倉家によって救われたという。が、近年では真逆の説が提示されている。『朝倉家記』には、「六角に合力のため小谷城《おだに》を攻め、浅井は城を出た」とある。実際に四十五年前の大永五年（一五二五）、朝倉宗滴《そうてき》に攻撃され、浅井亮政は美濃への逃亡を余儀なくされている。

だからこそ、信長は当初、浅井長政の離反の一報を信じなかった。理由はふたつ。ひとつは、信長の妹を嫁がせていること。次に、浅井と朝倉には祖父の代からの確執があること。

浅井長政が謀反を決意した理由は不明だが、あまりに無防備な信長の後背を見て、野心に火がついたのかもしれない。その点は祖父の浅井亮政の血だ。亮政も、無名の土豪から守護の京極《きょうごく》家を下克上《げこくじょう》した男である。

なんにせよ、朝倉浅井との三年にわたる戦端が開かれたのだ。

長政の裏切りをうけ、四月三十日、信長は京へ急ぎ帰還する。この地で体勢立て直しの指示を発した後、五月十九日、千草峠《ちぐさとうげ》経由で岐阜に帰還。その途中、杉谷善住坊《すぎたにぜんじゅうぼう》に狙撃され、あわや落命という危機もあった。

六月二十八日、姉川合戦で敵に痛打を与え、京都岐阜で政務を行いつつ八月二十日、大坂へと兵をだす。敵は前年に将軍義昭のいる本圀寺を囲った三好三人衆や斎藤龍興らだ。が、この軍事行動が裏目にでた。一向宗《いっこうしゅう》の大坂本願寺《ほんがんじ》を刺激してしまったのだ。

三好三人衆らが滅べば、次は大坂本願寺が滅ぼされる——そんな恐怖が衆徒たちの間に広まり、それが反信長の挙兵へと転化する。

一向宗とは、どんな特徴や歴史を持った教団なのか。やや横道にそれるが、記しておく。

戦乱がつづく世で急速に広まったのが、一向宗や日蓮宗だ。一向宗は長享《ちょうきょう》二年（一四八八）に加賀国の守護を倒し、山城国の山科《やましな》を本山にして巨大化する（山科本願寺）。これに目をつけたのが、管領《かんれい》の細川晴元《はるもと》だ。敵である三好元長《もとなが》らに対抗するために、一向宗に助勢を依頼。享禄《きょうろく》五年（一五三二）のことだ。姉川合戦のあった本稿の元亀元年の三十八年前で、信長の生まれる二年前のことである。

山科本願寺は細川晴元の要請に応え、本願寺門徒に大号令をかける。結果、十万もの一揆《いっ》衆《き》が集まった。数の力でたちまちのうちに三好元長を屠ったものの、一揆の火は納まらない。群集心理を、本願寺教団は制御することができなかったのだ。大和国などにも一向一揆が飛び火。南の比叡山《ひえいざん》とも呼ばれる興福寺《こうふくじ》を焼く事態にまで発展した。

助勢を頼んだ細川晴元も、一向衆に危機感を覚える。そして彼らと手を切り、全面対決を決意した。晴元が一向衆と対抗するために手を組んだのが、日蓮宗だ。前述したように、日蓮宗も急速に力をつけつつあり、京は「題目《だいもく》の巷」と呼ばれていたほどだ。題目というのは、日蓮宗が唱える「南無妙法蓮華経《なむみょうほうれんげきょう》」のこと（一向宗は「南無阿弥陀仏《なむあみだぶつ》」の念仏を唱える）。京の町では、あちこちで題目が聞こえるほど日蓮宗は力を持っていた。

一向宗に対し、日蓮宗の信者が立ち上がる。細川晴元の要請もあったが、それ以上に大きかったのは恐怖心だ。一向一揆入京という噂が、京の日蓮衆徒を団結させたのだ。

立ち上がった日蓮宗は法華《ほっけ》一揆と呼ばれ、一向宗と対決した。管領の細川晴元や近江の戦国大名六角家の支援も受け、八月二十四日、とうとう一向宗の総本山の山科本願寺を炎上せしめた。これにより、一向宗は総本山を山科から大坂へと移す。

三十八年前に総本山が炎上こそはしたが、一向宗の動員力は今も恐るべきものがある。加賀国は、依然として一向衆が支配している。号令をかければ、畿内だけで十万の兵を糾合した実力は健在だ。

その大坂本願寺が、信長の河内《かわち》進出に過剰に反応する。かつて日蓮宗が一向宗入京の恐怖で挙兵したように、一向宗は信長への恐怖により一揆を決意するのだ。この辺は、群集心理の恐ろしさだろう。

元亀元年九月十三日、大坂本願寺は突如として織田軍の砦へと攻めかかった。

翌日、信長は自ら軍を率いて、一向衆との野戦に打ってでる。激戦の末に、佐々《さっさ》成政《なりまさ》が負傷し、野村越中守《のむらえっちゅうのかみ》が討ち死にするなど苦戦を強いられた。

そうこうしているうちに、朝倉浅井軍が息を吹き返す。九月十六日に大津《おおつ》坂本口《さかもとぐち》へ進軍。守将である森可成《もりよしなり》――森乱《らん》（蘭丸《らんまる》）の父が戦死してしまう。

本願寺、三好三人衆、朝倉浅井の多正面作戦を強いられた信長は大坂を撤退。自らの目で川の流れを検分して、急流を渡河。九月二十三日に京へ戻り、二十四日に大津坂本口の朝倉浅井勢に兵を向けた。

かなわないとみた敵は、この時に比叡山へと退却する。

比叡山は僧兵たちを多数抱える勢力で、長年将軍や朝廷、京の人々を強訴《ごうそ》で苦しめてきた。比叡山がその武力を誇示したのが、天文五年（一五三六）の天文法華の乱だ。前述した、日蓮宗によって山科本願寺が炎上した戦いから四年後のことである。

この年、関東の上総《かずさ》国から、松本久吉という日蓮宗信者が京へとやってきた。宗教指導者ではなく、ただの一信徒である。その松本久吉が、あろうことか比叡山の僧侶に宗論を仕掛けたのだ。一向宗を討ったことで、増長していたのだろうか。比叡山延暦寺《えんりやくじ》側からは華王房という僧侶が受けてたったが、一信徒の松本久吉に容易《たやす》く論破されてしまう。

面目を潰された比叡山延暦寺は、どうしたか。武力に訴えでたのだ。七月に僧兵を集め、京にある日蓮宗の仏寺に対して大攻勢を仕掛ける。結果、京にあった日蓮宗二十一本山が全て焼亡する大惨事になった。だけでなく、京の町も被害を受け、その焼亡規模は応仁の乱を上回るほどだった。

つまり、一向宗、日蓮宗、比叡山（天台宗《てんだいしゅう》）の力量を整理すると――

管領でさえ手をやいた一向宗
その一向宗を破った日蓮宗
その日蓮宗を京の町ごと焼き払った比叡山

という図式になる。

もちろん、三つの紛争には、管領や将軍家、諸大名が絡んでおり、勝敗だけで単純な力量は評価できないが、比叡山は一向宗を倒した日蓮宗を武力で排除してきた実績がある。そんな比叡山が、朝倉浅井の軍勢を匿ったのだ。

天文法華の乱のきっかけとなった宗論で、松本久吉という一信徒に敗北したことからもわかるように、比叡山の規律の緩みと腐敗は目を覆うものがあった。ちなみに、松本久吉は比叡山を論破した後にすぐに上総国に帰ったので、天文法華の乱に遭難することはなかった。故郷で門徒たちの敗北を聞き、何を思っただろうか。

話が横道にそれた。

信長は、織田家へ味方するよう比叡山に要請、それが無理ならば中立の立場を固持するよう伝えたが、比叡山は朝倉浅井の軍勢を寺内に抱えたままだった。

この態度に信長が怒り、翌年の比叡山焼き討ちにつながる。が、実はこの時、すでに織田勢――正確には信長と同盟する義昭勢が比叡山を焼いている。

比叡山を焼いたのは、義昭の部下の山本対馬守《やまもとつしま》と蓮養《れんよう》という武将。ふたりは比叡山の地理に精通していたので、夜ごとに忍びいり谷々の堂舎を焼いて回った。

これを見る限り、私たちが思っている以上に比叡山焼き討ちの心理的ハードルは低かったのではないか。翌年の比叡山焼き討ちの布石は着々と打たれていたという印象を受ける。

比叡山にこもる朝倉浅井勢は信長の挑発にも応じず、時は無駄にすぎていく。

大坂本願寺の決起がきっかけとなり、各地では一向衆が蜂起していた。伊勢国と尾張国の国境にある長島も挙兵し、信長の弟の織田信興《のぶおき》が討ち死にしている。

だが、案外に一向衆は粘りがない。

近江在住の本願寺勢も挙兵したが「人数が多いだけで大したことがない」と公記に記載されているし、一向宗の勢力が強い堅田《かただ》の土豪たちも十一月には信長に降伏している。

優勢にもかかわらず、信長は和睦《わぼく》を決意する。将軍義昭のたっての願いだったからだ。

十二月十七日に岐阜へと帰還した。

『三河物語』では信長は和睦時に「天下は朝倉殿持ち給《たま》え。我は二度と望みなし」とまでいったそうだが、公記の記載を見る限り、信長にはそれほど動揺は見られない。山本対馬守と蓮養の比叡山への夜襲により、敵の戦力が大したことがないことを冷静に判断していたのではないか。

何より、過去に比叡山へ逃げこんだ勢力をみると、放っておけば滅びるような弱小勢力ばかりだ。比叡山に逃げこんだ時点で、朝倉浅井の実力の底も見えていた。

まとめとして、元亀元年の牛一の執筆スタンスを俯瞰《ふかん》する。執筆スタンスは、信長の主要なトピック抽出のみだ。が、越前朝倉攻めがはじまった四月から和睦がなり十二月十七日の岐阜城帰還まで戦いの連続だったので記録は充実している。

比叡山炎上

元亀二年の巻四も、公記は信長のトピックの記載に終始している。そのせいか、三〜四月、六〜七月、十〜翌年一月と三つの未記載期間が存在する。前年に比べればかなり淡白だ。

記事の概要は以下のようなものだ。

《巻四　元亀二年　一五七一》

01　一～二月、諸将正月挨拶、磯野《いその》員昌《かずまさ》降伏
02　五月、秀吉と浅井の小競り合い
03　五～八月、長島遠征、江北遠征
04　九月、江北遠征
05　九月、比叡山焼討ち
06　？月、御所修築

昨年末に「天下は朝倉殿のものに」とまで信長がいったわりには、不安要素が感じられない年のはじまりになった。一月一日、諸将が岐阜城へ集い、信長に正月挨拶をしている。後に大坂本願寺との戦が泥沼化すると、正月挨拶を免除している。このことから見ても、信長は自信を持って元亀二年を迎えた。

二月二十四日には、浅井家の猛将・磯野員昌が降伏した。比叡山籠城での一連の織田軍の行動をみて、実力差を思いしったのだろう。戦上手の員昌ゆえに、判断は正確だった。

朝倉浅井の戦力を見切った信長は、本拠地尾張の喉元にはびこる長島一向衆へ兵を向ける。が、彼らは朝倉浅井とちがって手強かった。織田軍は敵の籠城策にてこずり、付近を放火した程度の戦果で撤退。その途中を襲われ、美濃三人衆のひとり氏家卜全《うじいえぼくぜん》らが戦死している。

六月と七月の空白期間をへて、浅井家の領地に侵攻。八月に周辺の村などを焼いて、満を持して、九月十二日に比叡山を攻め、これを炎上させている。

兼康保明氏の『考古学推理帖』によると、比叡山の発掘調査では元亀の焼き討ち――つまり信長の焼き討ちによるものがほとんど発見できなかったという。焼き討ちの跡はあったが、元亀の焼き討ち以前のものばかりであった。明確に信長による焼亡といえるのは、根本中堂と大講堂のみ。

実は当時、延暦寺には塔頭などの施設がほとんどなかった。宣教師のフロイスの証言によれば「戦争によって、三千八百の僧院は四百余になっている」という衰退ぶりだった。九割ほどの施設がすでになくなっていたのだ。信長はわずかな施設を焼いたにすぎない。つまり延暦寺の焼き討ちはかなり小規模だったようだ。

が、ここで重要なのは建物をいくら焼いたかではなくて、どれだけの人を殺したかだろう。

当時、延暦寺の僧侶や雑事に従事する人々のほとんどは、山下の坂本に移り住んでいた。堂宇の九割が戦乱で焼失したゆえだ。公記を読むと、焼き討ちはこんな順番で書かれている。

1　延暦寺の根本中堂などを焼く。
2　慌てふためいた山下の人々は八王寺山に逃げ込む。
3　逃げた人々を織田軍が老若男女の区別なく殺害。

建物被害こそは従来のイメージより少ないが、人的被害はイメージ通り虐殺に近いのではないか。乃至政彦氏の『信長を操り、見限った男　光秀』では、延暦寺側の死傷者を貴族の日記やフロイスの書簡などから三千人と予想している。

比叡山炎上というトピックがあったものの、元亀二年は比較的穏やかな一年だった。信長自身がピンチに陥ることもなく、牛一の筆も濃淡がはっきりとしている。

次の年の元亀三年の巻五も同様である。信長の軍事行動に、牛一の興味が注がれている。

信玄との対決

《巻五　元亀三年　一五七二》

01　二～三月、江北遠征、上洛、信長邸普請
02　五月、松永久秀蜂起、信盛派兵、岐阜帰還
03　七～十一月、江北遠征
04　十一～十二月、三方《みかた》ヶ原《はら》合戦の状況描写

記事の数は少ない。信長は精力的に軍勢を動かしていたが、敵が戦う意志をみせず籠城に徹したからだ。

二月五日、信長は浅井家が領する北近江に侵攻し、しきりに周囲を放火する。が、浅井勢は城にこもったままだ。信長は敵地での築陣に精力を傾ける。

三月十二日に上洛し、京都滞在用の信長宿舎の建設が始まる。三月二十四日に着工式。信長邸の普請現場は、祭りのように賑やかなものになった。大坂本願寺との和睦も一時的とはいえ締結され、三好三人衆の岩成友通なども降伏してきたので、京の町衆に楽観が広

がっていたのかもしれない。

平和を謳歌《おうか》するムードの中、松永久秀や三好義継《よしつぐ》らの反乱が起こる。信長は、佐久間信盛らを派遣した。敵は討ってでることなく籠城戦の構えだ。

七月十九日、信長は北近江の浅井領に再び侵攻。各地を焼き払い、浅井長政を追い詰める。信長を恐れる朝倉家は援軍にくる気配もない。浅井家はこのままでは滅びてしまう。

ここで長政が打った手は、偽りの報告を朝倉家にすることだった。

「長島の一揆が蜂起し、尾張と美濃の通路が妨げられている。今、攻撃すれば尾張からの援軍のない信長を討つのは容易い」

この時、本願寺と信長は和睦しているので、デマもいいところだ。長政のペテンぶりが見てとれる。そして、朝倉はこの報告を信じた。

七月二十九日、一万五千もの朝倉軍が浅井氏の小谷城に到着。が、朝倉は信長の陣の充実ぶりを見て、決戦を断念。山上の砦に引きこもってしまう。信長も、四方を見渡せる虎御前山《とらごぜやま》の本陣を城塞化。朝倉浅井に決戦を求める使者を送るが、無視されてしまう。

朝倉浅井に対して無敵の強さをほこる織田家だが、ここで恐るべき敵が動きだした。武田信玄《たけだしんげん》である。

〝風林火山《ふうりんかざん》〟の孫子《そんし》の文言を記した旗指物が有名だが、信玄の生涯を見ていると孫子の兵法書を習得したとは言い難い事例がいくつかある。ひとつは永禄四年（一五六一）九月の川中島の合戦だ。この時、信玄側から動いて上杉謙信《うえすぎけんしん》に決戦を挑んだ。が、これは孫子の兵法書が最も忌む戦いである。戦わずとも長陣していれば、いずれ謙信は兵糧がつき退却したからだ。

「目先の合戦に勝利しても、損害が大きければ負けと一緒である」

孫子はこう説いている。結果、川中島で決戦を挑んだ武田軍は武田信繁《のぶしげ》ら多くの有力武将を喪ってしまう。勝利こそはしたが、あまりにも大きい痛手だった。

武田信玄が孫子の兵法書を理解していたかどうかはともかく、合戦に強かったのは間違いない。この点は、同時代のライバルの上杉謙信も敵わないのではと思っている。

その信玄が動き出した。

十一月下旬のことだ。遠江《とおとうみ》の徳川領へと侵攻してきた。信長は佐久間信盛らを援軍に出すが、十二月二十二日、三方ヶ原で徳川軍と武田軍は衝突し、徳川軍は惨敗。家康は乱戦の中に巻き込まれ、ただ一騎になってなんとか逃げ延びた。

武田信玄はさらに軍勢を進める。信長にとっては頭の痛いところだ。ここで公記の記載は終わっている。

恐るべき武田信玄と本格的に鉾《ほこ》を交えた元亀三年だが、信長自身が大きな合戦をすることはなかった。朝倉浅井に対する滞陣や築陣、小競り合いに終始している。信長は決戦を望んだが、朝倉勢が応じなかったとも書いてある。牛一も、織田家と関連する他国の情勢描写に筆を費やしている印象を受ける。

将軍追放と朝倉浅井滅亡

《巻六　元亀四年（天正元年）一五七三》

01　一月、久秀降伏（※正しくは天正二年の記事）
02　?月、将軍義昭へ譴責状《けんせきじょう》
03　二~四月、近江遠征、上洛、京放火
04　四月、京放火、義昭和議
05　四月、江南遠征、岐阜帰還
06　五月、大船建造
07　七月、義昭再反乱、京遠征

08　七月、義昭追放
09　七月、江北遠征（近江水戦）
※　元亀から天正に改元
10　七～八月、淀攻状況描写
11　八月、江北遠征
12　八月、江北遠征
13　八月、越前遠征
14　八月、越前遠征、江北遠征
15　八～九月、江北遠征、岐阜帰還
16　九月、信長暗殺未遂犯の処刑
17　九～十月、長島遠征、光秀義昭残党討伐
18　十一～十二月、上洛、三好義継粛清、岐阜帰還

将軍義昭と鉾を交え、浅井長政、朝倉義景、三好義継などの有力者を滅ぼした一年だ。
公記には記載されていないが、徳川領深く侵攻した武田信玄が陣中で病没し、武田勢が

甲斐に軍を返すという幸運もあった。信玄が死んだのは、この年の四月十二日。信玄が出陣したのは前年の十月なので、七ヶ月に及ぶ長い遠征だった。

武田信玄は名将と名高いが、本当にそうだろうか。前述したように、孫子の兵法書の無理解など見過ごし難い欠点がある。何より、後継者問題を解決せずに没したのはいただけない。

今川義元《いまがわよしもと》、織田信長、毛利元就《もうりもとなり》、北条氏政《ほうじょううじまさ》、伊達輝宗《だててるむね》などなど、存命中に嫡男《ちゃくなん》に家督を譲るケースは多々ある。こうすることで、息子に当主としての経験を積ませるのだ。そして自身は隠居の立場で、様々な指示をだす。また父が急死しても、すでに子に家督を譲っていれば、兄弟親族間の争いは必然的に少なくなる。

今川義元は桶狭間合戦で横死するが、すでに家督は今川氏真《うじざね》に譲っていた。氏真は有能な当主ではなかったが、それでも義元死後の大混乱のなか九年間持ちこたえた。もし家督を譲っていなければ、もっと早く内部分裂して武田徳川の侵攻にあっていただろう。

が、信玄は、家督を息子の勝頼《かつより》に継がすことを明言せずに死んだ。それどころか、勝頼の幼い息子を後継者に指名し、十六歳に成長するまで勝頼が陣代を務めるよう遺言。勝頼が武田家累代《るいだい》の旗を使用することさえ禁じたという。

これでどうやって領国をスムーズに運営しろというのだ。そして皮肉なことに、後継者に指名した孫の信勝《のぶかつ》が十六歳のときに武田家は滅亡する。

そもそも、健康不安と継承者不安を抱えた状態で遠征すること自体、孫子の兵法書の考えではありえない。家中を長期的視野でマネジメントするという能力が、信玄には欠けていたといわざるをえない。信玄自身が父の信虎《のぶとら》を下克上し、当主についたという過去がある。あるいは、父から子への家督継承のノウハウを学ぶことができなかったゆえの武田家の不幸なのかもしれない。

さて、公記の最初の記事だが、一月八日、降伏してきた松永久秀の挨拶をうける——とあるが実はこれは牛一のミスで正しくは翌年の天正二年の出来事である。

元亀四年の巻六の記事は、将軍義昭への譴責状からはじまるのが正しい。日付はわからないが、信長は義昭へ十七条の譴責状を送った。その記載を見ると、粘着質な信長の気性がよく読み取れる。他者への攻撃をはじめると、とめどなく罵詈雑言があふれだす様は、感情コントロールができない信長のパーソナリティをよく現している。

これは後に腹心の佐久間信盛への譴責にも顕著に現れる（そして、私はこれが信長の首を絞めることになったと考える）。譴責状の詳細は四章に譲る。

このねちっこい信長の譴責状による攻撃に、義昭も我慢の限界を迎えた。信長打倒のために挙兵し、軍を近江国の今堅田や石山にいれる。

信長も黙っていない。二月二十日に信長は出兵。二月二十九日にはあらかたの敵を平らげてしまう。速戦を得意とする信長らしい用兵だ。

三月二十五日、信長は軍を率いて京へ出発。義昭を攻撃するためである。入京してからは、四月三日、四月四日とたてつづけに京の町を焼き払った。

義昭は和睦に応じ四月六日に成立、翌七日に信長は京を発つ。和議からたった一日で京を離れている。永禄十二年（一五六九）に伊勢国を占領した時のように、戦後処理をした様子がない。また義昭が裏切ると読んでいたのだ。公記は「琵琶湖の勢田あたりを境界にして、軍勢を駐屯させるだろう」と信長の読みを紹介している。義昭に対抗するために「大船を建造しておけば、数千の兵を一度にぶつけることができる」と大船建造を決意し、すぐさま行動に移す。

『織豊期主要人物居所集成』によると、信長は五月十五日に佐和山に赴き、そして大船が完成する七月四日まで同地に滞在していたそうだ。大船の出来が勝負の分かれ目と思っていたのかもしれない。ちなみに公記では、湖水戦用の大船建造が開始されたのが五月二十二日とある。

『兼見卿記』では、七月四日に吉田兼見が、佐和山に大船建造中の信長を訪ねている。建設現場である琵琶湖の浜で信長とあったが、「炎天の時」という非常な熱暑だった。砂浜の照り返しも相当だったのではないか。それにもめげずに、大船建造を監督する信長の精力は並外れている。

永禄十二年の御所や禁裏の修繕でも、信長は現場に頻繁に出て監督している。建築や建設などの分野に、信長はかなりの興味を持っていたようだ。

一方の将軍義昭は、予想通り挙兵する。七月五日のことだ。

七月六日、信長は建造した大船で出発。七月七日には京へと入った。

驚くべきは、大船を短工期で完成させたことだ。七月五日に義昭が反乱をおこし、なんと翌日には大船で出陣している。義昭反乱を見越した千里眼と二月足らずで完成させた短工期など、信長の計画力と実行力の凄まじさをいかんなく見せつけた。

驚きは京の人々も同様だった。「公家方はその大軍にびっくりし」と公記にあるから、大船による軍勢移動がいかに効果的だったかがわかる。

抵抗する義昭は、大河と巨椋池に囲まれた宇治《うじ》の真木島《まきのしま》城にこもった。が、七月十八日に信長が攻撃を開始すると、呆気なく陥落。とうとう追放の憂き目にあう。

だが、義昭の残党は畿内に蟠踞している。織田軍は引き続き、淀などで残党を鎮圧。京周辺が平安になったことで、信長は「このたびの上京放火によって町人が迷惑しているだろう」と、税や諸役を免除した。自分で町を焼いておいて、上から目線で税を免除というのも身勝手な話だが、将軍のいなくなった京の復興を第一に考えたのだろう。村井貞《むらいさだ》勝《かつ》を京所司代にして、占領地の政務を短期間にこなしている。

休む間もなく、七月二十六日に信長は北近江高島《たかしま》の浅井領へと侵攻する。義昭攻めのための大船で、敵の拠点を次々と攻め落とした。信長の軍略の冴えがうかがえる。

敵である岩成友通が部下に裏切られるなどの幸運があり、山城国の反対勢力を苦もなく掃討。信長は江北から岐阜へと帰還した。八月四日のことだ。

わずか四日後の八月八日、敵将の阿閉貞征《あつじさだゆき》が信長に投降する。一報に接した信長の行動はすさまじかった。報告があった夜中に出陣。つい四日前に連戦の体を岐阜に休めたところである。この男に、疲れというものはないのであろうか。

八月十日には、浅井長政の小谷城近くの山田山に信長は陣をとった。機を見るに敏というよりも、病的なまでの即断即決だ。陣を布いた山田山は小谷城の北側にある。つまりは、越前の朝倉と江北の浅井からはさみ討ちにあう死地である。裏返せば、敵の連絡を断つ要だ。決戦により朝倉浅井を屠るという、信長の強い覚悟がみてとれる。

朝倉義景は、二万の軍勢で余呉や木本のあたりに布陣。

八月十二日、風雨のなか信長が馬廻衆とともに自ら攻撃を敢行。あっという間に、砦のひとつを落とした。降伏した武将をあえて逃し、信長は諸将に厳命する。

「必ずや今夜中に朝倉義景は退却する。この好機を逃さないように」

だが、諸将は信長の期待に応えられなかった。八月十三日の夜中、信長は自身先頭にたって朝倉勢に攻撃をしかける。「お心がはやって」と公記にあるので、朝倉勢が退却したわけではないようだ。しかし、少数のはずの信長の勢いに、朝倉勢は無力だった。陣を捨てて、散々に信長に追撃される。油断していた織田の諸将が信長に追いついたころには、敵の姿はなかったという。

朝倉勢を退却させた信長は、目の前の浅井長政がこもる小谷城は無視した。そのまま逃げる朝倉勢を追って越前へと侵攻。八月十八日には、朝倉義景は本拠地一乗谷を捨てて逃亡。二十四日には、部下の裏切りにあい首となって信長の前へとやってきた。

信長は返す刀で北近江に兵を戻し、八月二十八日には浅井長政をも滅亡させた。

阿閉貞征降伏の報告からたったの二十日で、ふたりの戦国大名を屠ったのだ。恐るべき軍略である。

個人的には、この朝倉浅井を滅亡させた合戦が、信長の快心の采配だと思うが本稿のテーマではないので割愛する。

朝倉浅井を滅ぼした信長は戦後処理をすませて、九月六日に岐阜に帰還。そして、二十四日には長島へと出陣している。戦果を得て十月二十六日に帰還したが、またしても撤退時に長島一向一揆の奇襲を受けて、何人かの宿将が戦死する。

が、八日後の十一月四日に上洛。この上洛を受け、密かに謀反を決意していた三好義継が、家臣の裏切りにあう。追いつめられた義継は自害。岩成友通の時とよく似た経緯だ。謀反を未然に防ぐ幸運な戦果を得て、十二月二日に岐阜に帰還。

この年の興味深い出来事としては、三年前の元亀元年に信長を狙撃した杉谷善住坊を九月十日に処刑していることだ。

おもしろい話があるので書いておく。杉谷善住坊の子孫という方が、安土に今も住んでおられる。変わっているのは、善住という苗字を持つことだ。家に残る言い伝えによると、杉谷善住坊はもともと美濃斎藤家の鉄砲頭で、斎藤家滅亡後に六角家へ身をよせた。六角家の依頼で信長を狙撃するが、失敗。その後に高島郡へと隠れるが、捕まり処刑された。この時、妻と十一人の息子がいたという。どういう訳か妻子は助命され、妻は安土城の女中頭として奉公したという。十一人の息子の内、長男は出家して近江八幡《おうみはちまん》にある善住寺の住職になった。この時に父親の名前をとって、子供たちは苗字を善住にしたようだ。残りの十人の息子たちだが、天正十年の本能寺の変で城が焼けた後、城下に移り住んだ。なので安土の町には「善住さん」が比較的多く住んでいるという。善住十家のうち、今も八家が残っているといっておられた。残念ながら古文書などの資料は、文化八年（一八一一）の火災で焼けてしまったらしい。

ルイス・フロイスの日本史では、信長の城で働く女たちについてこう書いている。

「宮殿内での奉仕は、もっぱら若い婦人たち、それも天性、大いなる才能、天稟の能力をもった選ばれた乙女たち、および領内のもっとも高貴な出身の婦人たちによって行われた」

この証言が本当なら、杉谷善住坊の妻が城で働いたのはかなりの特例だったのではないか。逆らった者には皆殺しも辞さない信長が、なぜ善住坊の家族を許し、あまつさえ女中になることを許したのか。もしかしたら、知られざる信長の一面が隠されているのかもしれない。

以上が、天正元年の公記の記述の概要だが、実に多彩な軍事行動だ。大船を活用した軍事活動などに、牛一の筆は費やされている。だけでなく、信長が送った義昭への譴責状を詳細に記しているのも特徴だろう。

特筆すべきは、信長の旺盛な行動力である。簡単に示すと、次ページの表のようになる。恐ろしいまでの移動距離だ。試みに、グーグルマップでこの年の二月二十日から十二月二日までの移動距離を計算すると千四百キロメートル以上にもなる。

牛一の記述は信長の軍事行動が主になっているが、譴責状の詳細など信長のパーソナリティへと興味のウェイトが移りつつあるように思える。

翌天正二年の巻七の公記の構成を見てみよう。記事中に出てくる〝京外交〟というのは、京で公家や大名の使者らと応対したという意味である。本来なら将軍義昭の仕事だが、義昭追放後は信長が担うことになる。外交活動の記事がこれ以降増えるので、ここでは〝京外交〟あるいは〝岐阜外交〟などと地名＋外交で統一する。

天正元年の信長の主な移動

国	場所	日付と出来事
美濃	岐阜城	2月20日に発
近江	石山	2月24日に石山攻撃、29日に今堅田攻撃
	今堅田	
山城	知恩院	4月3日に都の郊外に放火
近江	守山	4月11日に百済寺に放火
	百済寺	
美濃	岐阜城	4月11日に着、5月22日発
近江	佐和山	5月22日から7月6日まで佐和山で大船建造を監督
	坂本	
山城	妙覚寺	7月7日に入京
	真木島	7月16日に真木島城を攻撃し、18日に義昭を追放
	京都	7月21日に入京
近江	高島	7月26日に木戸、田中城攻撃
美濃	岐阜城	8月4日に着、8日夜中に発
近江	小谷城	8月10日に山田山に築陣し、浅井家攻撃
越前	敦賀市	8月24日に朝倉家を滅亡させる
	一乗谷	
近江	小谷城	8月28日に浅井家を滅亡させる
美濃	岐阜城	9月6日に着、9月24日に発
伊勢	桑名市	10月25日まで長島攻め
美濃	岐阜城	10月26日着、11月4日発
山城	妙覚寺	11月16日に三好義継が自害
美濃	岐阜城	12月2日着

（著者作成）

長島一向衆成敗

《巻七　天正二年　一五七四》

01 一月、諸将正月挨拶（※本来なら前年01の久秀の記事もはいる）
02 一月、越前一揆状況描写、秀吉《ひでよし》派兵
03 一〜三月、信長出陣（侵攻した武田勢を迎えうつ）、上洛
04 三〜四月、京外交（蘭奢待《らんじゃたい》切取）、大坂本願寺派兵
05 四月、信盛江南派遣
06 五月、京外交（賀茂《かも》祭参加）、岐阜帰還
07 六月、家康援軍
08 六月、家康援助、岐阜帰還
09 七月、長島遠征
10 七〜九月、長島遠征、岐阜帰還

各巻——年代ごとの公記の記事量を見ると、ばらつきがあるのがわかる。年をおうごと

に多くなる傾向にあるが、天正二年は記事数が減少している。

一月一日、信長は岐阜で諸将挨拶をうける。馬廻衆らに朝倉義景、浅井長政、浅井久政（長政の父）の髑髏《どくろ》を披露するという奇行を見せた。ただ、江戸時代の武士の男児の教育法のひとつに、さらし首に夜間、目印を置いてくるという方法が珍しくなかったように、現代とは価値観が違う。戦国時代なら、なおさらだ。牛一は珍しい趣向とは思ったようだが、それほど残虐な行為と感じた様子はない。

先述したように、一月八日に松永久秀の正月挨拶を信長は受けているが、牛一のミスで前年の巻六に収録されている。

一月十九日に、占領したばかりの越前国で一向一揆の蜂起があり、羽柴《はしば》秀吉らを派遣。一月二十七日に武田勝頼が東美濃に侵攻。それまでの家康領への侵攻ではなく、直接、織田領を掠めとろうというのだ。二月一日に尾張美濃の兵を援軍として送り、二月五日には信長も出陣するが、内通者がでたために味方の城は呆気なく陥落。信長自身は戦うことなく、兵を戻した。

三月十二日に岐阜を発。上洛し奈良の多聞城へいたり、東大寺秘蔵の香木・蘭奢待を切り取っている。

四月三日にまたしても大坂本願寺が挙兵。信長の動きは鋭くない。在京したままで、五月五日の賀茂祭に馬を出したりと案外呑気に過ごしている。

そんな信長とは裏腹に、武田家の動きは活発だ。徳川領遠江国の高天神城を包囲する。信長に一報が入ったのが、六月五日。六月十四日に、信長は岐阜を出陣した。前年までと比べると、随分と動きが遅い。義昭がいなくなったことで、外交活動に時間をとられているのだろうか。

実際にかかった時間と移動距離を見てみると——

十四日、岐阜城

←

十七日、吉田城

ここまでで距離は約百二十五キロメートル。一日約三十一キロメートルなので遅くはない。が、ここから行軍が滞る。吉田城の出発日は書いていないが、翌十八日だとすると。

十八日、吉田城
←
十九日、今切の渡（浜名湖にある渡）

たったの二十六キロメートルに二日もかけている。

六月十九日、高天神城落城の報せをきき、家康に黄金などを下賜して六月二十一日に岐阜へと帰還。高天神城の救援途中までで六日も時間をかけたのに、帰りはたったの二日である。一日で七十五キロメートルも移動した計算だ。これをみても、高天神城を救う気はなかったように思える。

前述の武田家の東美濃侵攻でも、一報から信長出陣まで九日をかけている。武田勢を恐れているということだろうか。

思うに、信長は二正面作戦を忌避したのではないか。武田家と本願寺（大坂と長島）を同時に相手にするのは厳しい。特に長島一向一揆は、美濃と尾張の連絡を断ちかねない位置にある。過去に浅井長政は、長島一向一揆が美濃と尾張の連絡を断ったとデマを流し朝倉家の重い腰を上げさせた。

また、岐阜城から長島までは、その気になれば一日で移動できる。事実、永禄十二年、信長は岐阜から桑名《くわな》（長島の隣）まで一日で移動している。

長島は、尾張の貿易港津島とも川を隔てて隣接しており、織田家の急所に突きつけられた匕首のようなものだ。長島討伐に信長は全力を傾けるため、東美濃と高天神城はあえて捨てたのだろう。

七月十三日、信長は長島遠征へ出発。

七月十五日に、九鬼嘉隆《くきよしたか》らが大船で長島を包囲。八月二日には、大鳥居という砦に籠城していた一向衆が逃亡し、織田軍に捕えられて男女千人が処刑される。

公記は緊迫する包囲戦を活写しているが、信長はすでに勝利を確信していたようだ。『織豊期主要人物居所集成』をみると、なんと信長は八月五日に戦場を離れ岐阜城に帰っているのだ。用件は、伊達輝宗から送られた鷹を見るためだという。公記の記述をおっていけばおいおいわかるが、信長は異常なまでの鷹好きなのだ。いくら一日の距離とはいえ、鷹目当てで戦場を離れるのは理解に苦しむ。戻ったのは八日とあるので、少なく見積もっても三日間、陣を離脱していた。

八月十二日には、篠橋の砦に籠城していた敵が裏切りを約束したので、包囲を解き長島城へと追い入れた。

敵を包囲することを二ヶ月以上。九月二十九日、籠城した長島一向一揆勢は降伏し、長島を退去することを誓約。舟で出ていく長島勢に、信長は容赦なく鉄砲を浴びせた。そして、まだ城にいる男女二万人を焼き殺す。

その日のうちに岐阜へ戻る信長の様子を簡潔に描写し、公記の巻七は終わっている。

ここから閏月も含めて、四ヶ月間の信長の行動が不明になる。が、決して信長が行動していないわけではない。

『織豊期主要人物居所集成』を見ると――

十月五日に岐阜城へ帰還
十一月十一日頃、上洛
十一月二十五日、京を発（岐阜へ帰還か）
閏十一月九日、三河吉良《きら》へ鷹狩り（の可能性あり）

と長島での戦後処理や京都での外交活動、さらに三河で鷹狩りとリフレッシュにも余念がなかったようだ。

武田勝頼の躍進こそは許したが、地盤をしっかり固めた一年といえるだろう。

では、次の年の天正三年はどうなっているだろうか。

長篠合戦で武田を破る

《巻八　天正三年　一五七五》

01　二～三月、上洛、京外交、前年末からの道普請状況描写
02　四月、公家領救済命令、信忠《のぶただ》家康援軍派兵
03　四月、大坂遠征、上洛、岐阜帰還
04　五月、三河遠征（長篠合戦）、岐阜帰還
05　六～七月、上洛、京外交、山中の猿に情け
06　七月、京外交（蹴鞠《けまり》）、岐阜帰還
07　八～九月、越前遠征、岐阜帰還
08　十月、上洛、京外交

09　十月、京外交
10　十月、京外交（堺茶人と茶会）
11　十〜十一月、右大将任官、大納言《だいなごん》任官、京外交（参内）
12　十一月、京発（武田家侵攻のため）
13　十一月、信忠岩村攻、岐阜帰還
14　?月、信忠秋田城介《あきたじようのすけ》任官
15　十一月、信忠に家督移譲

信長は前年末から道普請を命じており、最初の記事はその進捗である。三月二日に京に入り、公家領の救済やかつての敵である今川氏真が催した蹴鞠の会出席など外交活動を展開。すると、武田勝頼がまたしても動き出す。徳川領の三河足助《あすけ》方面に侵攻してきたのだ。三月下旬のことである。信長は嫡男の信忠を援軍に派遣した。

信長は一旦は勝頼を放置する。信忠と家康に任せて、四月六日に大坂へと出陣。大坂本願寺や三好康長《やすなが》らとの戦いである。信長は戦場を見下ろせる駒が谷山に本陣をおき、佐久間信盛や柴田勝家らに指示し、敵を圧倒した。信長自身も堺近くの新堀という城を攻め、香西越後《こうざいえちご》守らを討ち果たしている。三好康長の降伏を受け入れて、河内国の城や砦のごとくを破壊し、大坂本願寺を裸城にして、四月二十一日に京都へ戻り、四月二十八日に岐阜へと帰還。

相変わらずの速戦だ。敵も武田勢が侵攻しているのを知っているはずで、持久戦に持ち込む肚であったはずだが、信長の苛烈《かれつ》な攻めがそれを許さなかった。

大坂本願寺から岐阜への帰還の道中に、信長の様子を記録した日記がある。『家久《いえひさ》君上京日記』で、薩摩島津《しまづ》家の島津家久が上京した時の記録だ。島津家久は、関ヶ原で敵陣突破して退却した島津義弘《よしひろ》の異母弟である。四月二十一日の日記で里村紹巴《さとむらじょうは》を訪れた後に、大坂攻めから帰ってくる織田軍の様子を見物している。その時、信長も馬廻衆とともに家久の目の前を通った。

馬廻衆は百騎ほどで、合戦帰りにもかかわらず全員が鎧を物々しく着用していた。だけでなく、馬も鎧で身を固めていたという。その中に二十人ほどの母衣武者《ほろむしゃ》がいた。母衣とは背中に背負う巨大な袋で、限られた武者しか背負うことが許されない。家久の日記にも「弓箭《きゅうせん》のおぼえのある衆に許される」と書いてある。信長の母衣衆は赤母衣衆や黒母衣衆が有名だが、今回の母衣衆は「色は定まらず」でかなりカラフルな様子だったようだ。旗が九竿たっており、銭を象った意匠があったとも書かれている。

信長は替え馬を三頭用意しており、馬衣や尻尾を包む尾袋で飾りたてられていたという。

面白いのは「眠り候《そうろう》て通られ候」とあることだ。信長は馬上で寝ていたのである。

信長はしばしば馬の上で寝ていたのかもしれない。というのは、信長の重臣金森長近《かなもりながちか》の弟と言われている安楽庵策伝の『醒睡笑』にも、馬上で寝る信長の逸話があるからだ。『醒睡笑』は、当時の笑い話を千話以上収録した笑話集である。信長や前田利家《まえだとしいえ》ら同時代の武将たちが登場する笑い話ものっている。同時代の人たちの間では、信長が馬上で寝ることは共通認識としてあったのかもしれない。これまで見たように、異常ともいえる信長の移動距離を考えると、馬上で寝ることで体力を温存していたのだろう。

移動中の馬上で睡眠時間を確保しつつも、信長は大坂本願寺に痛打を与え、五月十三日に三河国長篠城救援のためまた出陣。五月十八日には長篠設楽ヶ原《したらがはら》に着陣した。

世に言う、長篠の合戦である。決戦の火蓋《ひぶた》は五月二十一日に切られた。信長は高松山の山上に陣どり、敵の動きを見つつ命令を次々と下し用兵の妙を見せつける。伏兵と鉄砲を効果的に使い、馬場信春《ばばのぶはる》や山県昌景《やまがたまさかげ》、真田信綱《さなだのぶつな》ら信玄以来の宿将を多く討ち取った。愛馬さえも織田軍に奪われるという屈辱を、勝頼は味わわされる。

五月二十五日に岐阜に帰還。六月と七月は何度か京と岐阜を往復し、公家との外交活動を展開。この時に、信長は官位を辞退。かわりに、丹羽長秀《にわながひで》、明智光秀らが官位と姓を賜る。これ以降、公記では長秀を惟住《これずみ》姓で、明智光秀は惟任《これとう》姓で表記する。その表記は徹底しており、光秀は惟任姓でずっと公記では記される。その変化が起こるのが、本能寺の変の前日の夜。「惟任日向守光秀は信長公への謀反を企て」という記事の後に、急に光秀の記述が「明智」に変わっている。謀反を企てるまでは惟任姓で、実行後は明智姓に戻すあたり、牛一の病的なまでの几帳面さが窺える。なお、貴族の日記などを見るに、同時代の人々は賜姓後は光秀のことを「惟任」と表記するケースが多かったように思える。光秀の名字については九章でも詳しく述べる。

七月十七日に岐阜に戻り、八月十二日には越前一向一揆討伐に出立する。天正元年に信長は越前朝倉家を滅ぼしたが、反信長勢力が加賀国の一向一揆と結びつき織田家を駆逐したのだ。が、その反信長勢力も一向一揆と決裂し、敗北。越前は加賀同様に一向一揆が支配する国となっていた。

織田軍は散々に敵を討ち破り、越前を再占領。戦後処理で占領地の所領を柴田勝家や前田利家らに宛行《あてが》い、いつものごとく関所の廃止などを命じ、九月二十六日に岐阜へ帰還。

十四日後の十月十日に上洛。この時、鷹を合計十七羽もつれている。奥州伊達輝宗の使者を引見し、大坂本願寺の赦免《しやめん》、堺の茶人との茶会（場所は京）などの外交活動に従事し、右大将に次いで大納言に任ぜられたのが十一月四日。

だが、再び武田勝頼が動きだす。美濃の岩村城は武田方であったが、それを織田軍が取り囲んでいた。岩村城救援のために、勝頼は兵を出す。約六ヶ月前に長篠合戦の大敗があったというのにしぶとい。

報告を受けた信長は、十一月十四日の夜十時に京を出立し、どうやら不眠で行軍し十五日に岐阜へ帰還。移動距離は百三十六キロメートルにもなる。あるいは、また馬上で寝ていたのかもしれない。どうも、信長は勝頼のことをかなり評価していたようだ。行軍の様子から、強い警戒が窺える。

だが、先発した織田信忠の活躍で、岩村城は勝頼の援軍到着前に落城。勝頼は本国へ引き返した。この武功により、信忠は秋田城介という官位に就任。

信忠の働きに信長も満足したのか、十一月二十八日に織田家家督を信忠に譲っている。

信長にとっては、大坂方面の敵の多くを降伏させ、勝頼に痛打を与え、越前一向一揆を退治、さらには嫡男の信忠の成長が実感できた実り多い一年だった。

さて、この年、太田牛一の公記の記載に変化が現れる。トピック以外の信長の行動が記録されるようになったのだ。

具体的には、06の記事である。岐阜城帰還後に、信長は瀬田《せた》の橋の付け替えを指示し、その後の七月十五日に、ニュース性のない記事を記載している。

七月十五日　常楽寺《じょうらく》へ行く
　十六日　垂井《たるい》泊
　十七日　曾根の稲葉《いなば》良通《よしみち》を訪問、良通の孫の能楽を観賞
　　その日のうちに岐阜城帰還

ここに、太田牛一の意識の変化があるのではないか。トピックだけではなく、可能な限り信長の全てを詳述したい——そんな太田牛一の信長信者ぶりが垣間見える。

もちろん、これは稲葉良通の子孫が、牛一に先祖の記載を依頼したとも考えられる。公記にはいくつか細部のちがうバージョンがあり、その理由は牛一の同僚が子孫のために、自分たちの活躍を記載するよう頼んだからだという。

この記載は、良通の孫が信長の前で能を披露し、腰の刀を下賜されたというものだ。たしかに、良通や能を披露した孫が、牛一に記載を依頼した匂いがぷんぷんとする。

だが、だとしたら、その前段にある、常楽寺や垂井への信長の滞在記録などは不要なはずだ。信長を記録し尽くしてやろうという、牛一の意識——あるいは執念、もっといえば宿業のようなものが顕在化したように思われてならない。

実際に08の信長上洛の記事もそうだが、まるで信長自身が書いた日記かと思うほど、平凡な日常も含めて詳細に記述している。上洛時の信長の描写を抜き出してみよう。

「今回は、上鷹十四羽、はいたか三羽をつれての御上洛である」

なんと鷹と一緒に上洛したのだ。昨天正二年八月五日、伊達家から贈られた鷹を見るために岐阜に帰城したエピソードを、牛一は書かなかった。彼は、前年までは合戦に関係ないエピソードを書く必要性を感じていなかった。しかし、今回はちがう。牛一は、信長の鷹狩り好きの一面をあますことなく描写したいという欲にかられたのではないか。ここから鷹狩り関連の描写がぐっと多くなる。

15にあるように、信長は家督を信忠に譲り、いわゆる院政を敷いた。

ここで、信長の前半生が終わったことになる。

後半生のはじまりである巻九の天正四年を、公記は一体どのように書いているだろうか。

第二章　信長の後半生

信長最後の陣頭指揮

《巻九　天正四年　一五七六》

01　一～四月、安土城築城命令、安土移住、築城描写、上洛
02　?月、二条屋敷普請命令
03　四～五月、大坂攻指示、大坂攻状況描写
04　五～七月、大坂遠征、安土帰還、安土城普請命令
05　七月、木津川合戦状況描写
06　?月、安土城完成状況描写
07　十一月、安土城完成状況描写、信長上洛、京外交
08　十一月、内大臣任官、安土帰還

09　十二月、三河鷹狩、安土帰還

後半生の最初の記事は、安土城築城命令という、非常に象徴的な内容である。

正月中旬、丹羽長秀に安土城の造営を命じた。二月二十三日に、岐阜城から安土へと移り住む。ちなみに前年の十一月二十八日に、信忠に家督を譲った時に岐阜城も譲渡しており、信長は佐久間信盛の屋敷を仮住まいとしていた。信盛への信頼の深さがうかがえる。

四月十四日、塙直政《ばんなおまさ》や明智光秀らを大坂本願寺攻めへと派遣。が、五月三日に敵の逆襲をうけ、塙直政ら多くの武将が討死してしまう。

ここでも信長らしさが発揮される。

塙直政戦死の二日後の五月五日、信長は出陣。わずか百騎で、戦場に到着。しかし、味方は集まらない。だけでなく、包囲される天王寺砦《てんのうじ》には明智光秀らがおり、あと数日も持ち堪えられない状況だ。

五月七日、信長は決戦を決意。わずか三千の兵で、一万五千の大坂本願寺勢に攻めかかった。

よく、信長は「桶狭間の合戦以後、少人数で敵と戦ったことはない」といわれるが間違いである。このとき、天王寺砦にこもる味方（明智光秀ら）を救出するために寡兵で立ち向かっている。

信盛らを先鋒にして敵の重囲を突破し、天王寺砦に入る。この時、信長が被弾し傷を負うほどの激戦だった。が、幸いにも浅傷だった。家老の制止もきかずに再び砦を打って出て、敵を破っている。

手傷は負ったが、信長の会心の戦のひとつだろう。

そして、これが信長が戦場で陣頭指揮をとる最後の戦いになってしまった。織田家が巨大になり、信長が陣頭で指揮をとる必要がなくなったのだ。信長はこれ以後も幾度も戦場には立つが、敵は籠城しており信長が采配をとることはなかった。

信長自身は戦を欲したようだ。天正十年の武田攻めでは、先走る先鋒の信忠に自分の到着を待つように幾度も使者を送っている。が、信忠の勢いは凄まじく、信長が敵地へいたる前に武田家は滅亡してしまう。

また、本能寺の変の直前には中国で戦う秀吉の救援のために、信長自身が兵を率いることを明言していた。毛利家を倒そうという信長の意気は盛んだったが、援軍として出発する前にあえなく本能寺で光秀によって討たれてしまう。

つい先走る説明をしてしまった。

大坂での一向衆との合戦は、信長らしい苛烈さ、意外なほどの粘り強さを誇示するものだったが、朝倉浅井を攻め滅ぼした戦いや長篠合戦や桶狭間合戦に比べると、いかんせん派手さに欠けるのが残念である。

天王寺砦の包囲を破った信長は、大坂本願寺を付城で逆に完全包囲する。そして、六月七日に安土へと帰還する。

が、信長にとっての誤算が出来する。とうとう中国の雄毛利家が参戦したのだ。七月十五日、約八百もの大船団を組織し、毛利水軍は大坂本願寺へ兵糧搬入を企む。織田軍は真鍋七五三兵衛《まなべしめのひょうえ》、沼野伝内《ぬまのでんない》らをつかい、木津《きづ》川の河口を三百の船で封鎖していた。

大坂本願寺も毛利勢と呼応する。大坂の城を打ってでて、佐久間信盛と八時間にもおよぶ激戦を繰り広げた。

陸の戦いは互角だったが、海では毛利勢が圧倒。もともと数は織田軍の二倍以上。焙烙《ほうろく》や火矢という火力を使った兵器で次々と織田の船を沈め、多くの水将を戦死させ、大量の兵糧を大坂本願寺へといれることに成功。

ここから牛一の筆は、完成した安土城の描写に割かれる。06、07の記事だ。そして十一月四日に信長は上洛し、外交活動を展開し、二十一日に内大臣に官位を進めた。二十五日に安土帰還。

そして、年末の十二月十日から、三河吉良へ鷹狩りに向かう。公記にはないが、先述したように、二年前の天正二年閏十一月にも三河吉良へと鷹狩りに向かっている（ただし、向かっていない可能性もある）。ちなみに、三河吉良は天文十六年（一五四七）に信長が十四歳で初陣した場所だ。その地で鷹狩りをしたのは、何かの理由があるのだろうか。

天正四年に話をもどす。十二月二十二日から三日間鷹狩りをして帰路につくが、安土ではなく岐阜城で越年している。記録にある限り信長は、毎年本拠地で越年していたようだ。が、今回はなぜか安土ではなく岐阜城で新年を迎えることになった。

これが天正四年の公記の概要だ。この年も牛一の筆は冴えている。そして、09では、ニュース性のない記事もある。

蛇足かもしれないが、詳述する。

十二月十日　　三河吉良へ鷹狩のため、出発

佐和山泊

十一日　岐阜在
十三日　清洲《きよす》在
二十二日　三河吉良に三日間在
二十六日　清洲在
晦日　岐阜在そのまま越年

誰かとあった記述もなく、単なる休暇のように見える。それさえも記載してしまう牛一の業を感じる。

公記によると信長は、これ以外にも翌天正五年の十二月十五日にも三河吉良へ鷹狩りにいっている。さらに、ほとんど間をおかずに天正六年一月十八日にも吉良に鷹狩りに行っている。どうやら、お気に入りの鷹狩りのスポットだったようだ。

鷹狩りに熱中

《巻十　天正五年　一五七七》

01　一〜三月、安土帰還、上洛、京外交、安土帰還、上洛、【信忠紀州遠征】、紀伊遠征

02 三月、内裏修繕状況描写
03 三月、紀伊遠征、茶道具召上、帰京、安土帰還
04 七〜閏七月、安土外交、上洛
05 閏七月、京外交、安土帰還
06 八月、勝家加賀遠征
07 八〜九月、久秀反乱状況描写、【信忠大和遠征】
08 十月、【信忠大和遠征】
09 十月、【信忠大和遠征】
10 十月、【信忠上洛】、【信忠安土帰還】、秀吉播州《ばんしゅう》遠征、上洛
11 十一月、京外交（参内）
12 十一月、播州攻状況描写、安土帰還
13 十二月、三河吉良鷹狩、安土帰還
14 十二月、安土外交（信忠へ褒美）

岐阜で年をこした信長は、一月二日に安土へと戻り、京都と往復して外交活動を展開。

二月二日に、敵である紀州雑賀《さいか》から内通者が出たことを知らされる。この機を信長は見逃さない。浅井朝倉家を攻めたときと同じパターンだ。諸将に陣ぶれを出し二月九日に京へと入り、十三日に京を発つ。

同時に信忠も美濃尾張の兵を率いて、九日に出発と記事にある。きっと岐阜発だろう。織田勢は大軍をいかし連戦連勝だ。途中、籤引きで諸将を三手にわけて進軍させるなど、信長らしくない神頼みの采配も見受けられる。信長は陣頭に立つというより、本陣深くで諸将の活躍を見守る形である。戦力が圧倒的なので、采配の妙を見せることはなかったようだ。籤引きで諸将の配置を決定したことからもわかるように、大兵力ゆえに誰が攻めても結果に大差がなかったのだろう。

包囲陣を厚く配置して、三月二十三日に戦場を後にする。茶器の名物狩りなどをしつつ、二十五日に帰京し、安土帰還は二十七日。

ここで公記は、三月二十八日から七月二日までの約三ヶ月間の記録がなくなる。『織豊期主要人物居所集成』を確認する。

四月十一、十九日　安土在

四月二十九日　安土で茶会
五月十八日頃　安土在と思われる

信長は安土にいたようだが、その行動はほとんど確定できていないようだ。

『織田信長文書の研究』は、約千四百通の信長関連の書状を収録した研究書だ。公記の空白期間に、どんな書状が出されたかを見てみる。

四月十九日、丹羽長秀ら四将が大坂での砦の普請を報告したようで、信長が書状で返答している。「雨が降ろうとも、怠けることなく仕事をするように」と信長らしい文面だ。

五月十六日には荒木村重《あらきむらしげ》への書状があり、播磨《はりま》の小寺《こでら》家の働きを褒めつつ、今後もより一層励むようにと書いている。十九日、雑賀征伐に参加する将へさらなる働きを督促する書状が二通。

六月五日、細川藤孝に矢倉《やぐら》の普請《ふしん》上手な大工十名の派遣を要請する書状一通。二十四日、伊勢神宮の人事への指示の書状一通。

どうやら、空白期間も信長は精力的に働いていたようだ。

なにより、六月には安土の町に十三条の定を出している。

「当所中楽市として仰せ付けらるるの上は」という文から始まり、安土の町に楽市令を発布したことがわかる。他にも街道を行く商人に安土の町に泊まることを義務づけたり、普請役や伝馬役の免除などを制定している。

公記に記載がないのは不思議だが、多方面に精力的に指示を出す信長の姿が浮かんでくる。

公記の記事は、七月三日から復活。伊達輝宗から鷹を献上された。安土城でのことと思われる。

閏七月十二日、京都で近衛《このえ》前久《さきひさ》の息子の元服式に出席するなどの外交活動を展開。

公記には記載されていないが、この前年、越後の虎と恐れられる上杉謙信が反信長の兵を挙げた。信玄のライバルだが、謙信には港という強力なアドバンテージがあった。まだ越後国は米の産地ではなく、かわりに港から莫大な収益があったのだ。この点は津島や熱《あつ》田《た》の貿易港を掌握した信長と似ている。豊富な財源を背景に、謙信は五千の兵を率いての軍事上洛や北条家小田原城の包囲に十万の大軍動員など、当時としてはどれも空前の壮挙を成功させている。だが、いまいち戦略性に乏しい。事実、弘治《こうじ》二年（一五五六）に勝手に隠居し高野山を目指したり、後継者を決めずに病没したりと、家中を長期的な視野でマネジメントする能力が決定的に欠けていた。この方面では、ある意味で信玄以上に何も考えていない。

が、戦争の強さは本物である。何より、自身を毘沙門天の化身と本当に信じていた。現代の経営者の中にも、何人かそういうタイプの方がおられる。強烈な思いこみで、突っ走るタイプだ。彼らの逸話を聞く限り、長期的な視野があるとは思えないが、案外に成功している。思い込む力の偉大さだろう。

信長や信玄は、謙信のようなタイプは苦手だったのではないか。武道には「狂者の剣避け難し」という言葉がある。戦略戦術に沿って兵を動かす信長や信玄にとって、その場の思いつきで采配する謙信の次の策は読みづらい。

その上杉謙信だが越中《えっちゅう》国を切り取り、前年末には能登《のと》国にも兵を入れ、親信長派に圧力をかける。これに対して信長は東北の伊達家と結び、謙信の背後を牽制するようこの年の閏七月二十三日に書状で督促などしている。

八月八日、柴田勝家を総大将として加賀へ派兵する。この時、秀吉が勝家と仲違いして無断で陣払いするという大失態を犯す。

八月十七日に松永久秀が謀反。これに対する信長の動きは鈍い。松井《まつい》友閑《ゆうかん》を使者にして、久秀から事情を聞き取ろうとしている。あるいは、北陸を侵攻する上杉謙信を警戒していたのか。柴田勝家を対謙信のために派遣していたが、秀吉の離脱などで不安要素が大きかったのかもしれない。北陸（上杉）、大坂（本願寺）、大和（久秀）、中国（毛利）に敵を迎えて、動きがとれない信長の様子が浮かぶ。元亀の頃の信長ならば、自分が軍を動かして、各個撃破を目指したであろうが、なぜか今回は慎重だ。ずっと安土に腰を据えている。

使者を送った久秀からの応答はなく、止むなく人質を京で処刑。軍勢を出したのが、九月二十七日。謀反から一月以上たっている。しかも信長は出陣せずに、信忠に軍勢を任せる形だ。

ここからは信長の記事ではなくて、信忠の事績を牛一の筆は追っていく。七十六頁からの一覧では【 】で信忠の行動を示した。かなりの数で、牛一の興味が信忠にも注がれているのがわかる。贔屓《ひいき》役者の子の成長を追いかける歌舞伎ファンのような心境だったのではないか。十月十日、松永久秀を出陣からわずか十三日で滅亡させた信忠は、十月十二日に上洛し、参内するなどして外交活動を展開。十五日に安土の信長に報告。公記に信長の主体的な行動が現れるのは、十一月十三日から。信長は上洛し、鷹狩りの姿で参内。弓衆、年寄衆、小姓衆、馬廻衆をひきつれ、銘々が華美風流を尽くした姿だったという。

「これを見た京の上下の人々はみなびっくりした」と公記にはある。

信長は鷹狩りの装束だけでなく、腕に自慢の鷹を止まらせて帝に披露したという。さらに、参内を終えてからは鷹狩りへと直行。参内よりも鷹狩りの方がメインだったのでは、と疑いたくなる。久秀を滅ぼして安心したのだろうか。ちなみに、この年の九月二十三日には加賀国手取川《てどりがわ》で上杉謙信と激突し、柴田勝家が大敗を喫している（戦わずに織田軍が退却したという説もある）。公記に記載はないが、北陸は依然、予断を許さない状況だ。ただ、幸運にも謙信は翌年の三月十三日に急死してしまう。

秀吉による播州攻めに牛一の筆は費やされ、十二月三日に約半月ぶりに安土へと帰還する信長の姿を描写している。

十二月十日、再び信長は鷹狩りへ出立。お気に入りの三河吉良である。「秀吉が安土へくるはずだから、褒美の品を渡しておくように」と言い残したという。

この年の信長を象徴するような記事かもしれない。鷹狩りにうつつを抜かし、謀反人の討伐を他人任せにする。殊勲者である秀吉への褒美さえも投げだした。政務放棄の色が見えなくもない。

信長はたっぷりと五日もかけて、三河国吉良に着。十九日に岐阜へと帰還。二十一日に安土へと戻った。

二十八日に、信忠が安土へ出仕。信長は秘蔵の茶器を下賜した。信長自身は目立った仕事はしていないが、後継者の育成が順調なことをうかがわせる一年だった。

奇妙なのは、この年の信長に関する公記の記述が異様なほど少ないことだ。信長の書状などは残っているので、牛一側の都合だろうか。

毛利水軍撃破
《巻十一　天正六年　一五七八》

01 一月、正月諸将挨拶
02 一月、安土外交、鷹狩り、三河吉良鷹狩り、安土帰還
03 一月、安土移住命令
04 二月、磯野員昌処刑、中国攻状況描写
05 二～四月、安土相撲、鷹狩り、上洛、【信忠大坂遠征】、京外交、丹波攻状況描写
06 四～五月、中国攻状況描写、安土帰還、上洛、【信忠中国遠征】
07 五～六月、京洪水状況描写、安土帰還、上洛、祇園会見物、鷹狩り、安土帰還

08　六～七月、【信忠中国遠征】
09　六～八月、鉄甲船状況描写、安土接待活動
10　八～九月、安土相撲、【信忠帰還】、安土相撲、上洛、越中攻状況描写
11　九月、鉄甲船見物、鷹狩り、上洛
12　十月、越中攻状況、京相撲、安土帰還、鷹狩り
13　十～十一月、村重謀反、摂津遠征、木津川合戦、摂津遠征
14　十二月、摂津遠征
15　十二月、光秀丹波攻状況、安土帰還

天正六年は、諸将が正月挨拶に安土城へと出仕したことからはじまる。諸将に茶をふるまうなど、信長の余裕を感じさせる内容だ。長らく途絶えていた宮中の節会を復活させたり、鷹狩りでとった獲物を帝に献上したりと、信長の上機嫌さが伝わってくる。そして一月十八日、またしても三河吉良に鷹狩りにいっている。

この年、信長の情熱は遊興へと傾いていたようである。

二月二十九日、安土城内で相撲大会を開催。近江国中から三百人を集めた。三月六日か

ら三日間にわたり鷹狩りを催し、二十三日に上洛。

織田信忠を大将として大坂本願寺へ織田信孝《のぶたか》や滝川一益《たきがわかずます》、明智光秀、丹羽長秀らを派遣。

ここで、信長の武将としての本能を呼び覚ます事態が出来する。

中国の毛利輝元《てるもと》が、吉川元春《きっかわもとはる》や小早川隆景《こばやかわたかかげ》らを率いて出兵という報せが来たのだ。

「必ず毛利勢に打ち勝つ。関戸（詳細地不明）まで出張して、指揮をとりたい」

信長自らが陣頭に立って戦う意志を示したと、公記にはある。

だが、佐久間信盛を中心とする諸将の反対にあい断念。まずは、家臣たちが敵地へと進出し様子を見ることが決まった。出鼻こそはくじかれたが、依然として信長の意志は固く、着々と出陣の準備を整えていた。

だが信長は天にも見放される。五月十一日から出陣日の十三日にかけて、大洪水がおこったのだ。にもかかわらず、山城国の部下たちが増水した川を舟で乗り越え、五条油小路《ごじょうあぶらこうじ》に集結した。その理由は「信長公がご出陣とあれば、（どんな天候であれ）予定の期日を違えたことがない」からだ。信長は洪水でも出発すると家臣たちは思っていた。

事実、二十四年前の天文二十三年（一五五四）、大風という悪天に舟を出し、同盟する水野家の援軍に駆けつけている（首巻、村木砦の戦い）。

しかし、さすがの信長もこの天災にはひとまず出征を諦める。京から安土へもどり、その地の大水被害を確認。六月十日に再上洛したが、信長はすでに出征のモチベーションを失ってしまっていた。六月十四日に呑気に祇園会（祇園祭）を見物し、そのまま鷹狩りへと出る。さらに羽柴秀吉が戦況報告にくると、速やかに撤退して戦線を後退させるよう指示した。六月十六日のことだ。信長らしくない弱気である。

この年の信長の仕事ぶりは精彩を欠いている。

牛一の筆も、羽柴秀吉と織田信忠の播磨攻めに費やされている。ただ、安土の信長から秀吉や信忠への指示はいくつか出されたようだ。万見重元を派遣して、詳細な指示を与えた描写が公記に出てくる。六月二十九日のことだ。

播州攻めと並行して行われていたのが、九鬼嘉隆らに命じた大船建造である。六月二十六日に船出し、七月十七日に堺へ着岸した。翌十八日に、大坂表とよばれる木津川口へと配備。

播州や大坂での戦況は予断を許さない。そんな中、信長は安土にて津軽の南部《なんぶ》家の使者と面会している。

八月十五日、再び安土城で相撲大会。今度の参加人数は、千五百人である。規模が一気に前回の五倍になった。

九月九日、播磨の戦場から戻ってきた信忠らに安土城で相撲を見物させる。九月二十三日に上洛し、部下の斎藤利治《さいとうとしはる》を越中へ派遣する指示などを出し、九月二十七日に九鬼嘉隆建造の大船を見学するために京都を発つ。

大坂表に船をつけてから、二ヶ月余りたっている。随分と動きが遅い印象だ。九月二十九日、天王寺砦を守る佐久間信盛のもとで休息してから、鷹狩りをしつつ移動し九月三十日に堺で大船見学。不思議なのは七月十八日に大坂表に着陣していた船を、堺へと再び戻して見学していることだ。天王寺砦に滞在した時に、大船も一緒に見学した方が包囲の指示などもできそうなものだが。何より、このタイミングで毛利水軍が攻めてきたらどうするつもりだったのだろう。

十月一日、交野で休憩を挟んだ後に帰京する。十月五日、またしても信長は相撲の会を開催。今回は安土ではなく京都であった。貴族たちに見物させたという。貴族や茶人の日記にも記載がある。茶人津田宗及の『宗及他会記』では、約千番もの取組が行われたという。牛一の表記は素っ気ないが、凄まじい規模の相撲興行だったことがわかる。

十月六日に安土へと帰るが、十四日にまたしても鷹狩り。九鬼嘉隆の建造した大船の出来がよほどよかったのか、大層上機嫌であったという。

が、信長の足元を揺るがす事件が出来する。

先年の松永久秀につづき、摂津に所領を持つ荒木村重も裏切ったのだ。一報が届いたのは、十月二十一日。ここでも、信長の動きは鈍い。謀反を信じなかったのだ。久秀の時と同様に使者をやり、問いただそうとする。村重は母を人質として送りだすなど、一時は信長に恭順する姿勢をみせたが、信長の出頭命令を無視。ここにきて、信長は討伐を決意。十一月三日に京都にはいった。が、まだ村重が裏切ったのが信じられない。明智光秀、羽柴秀吉、松井友閑ら宿将を派遣し、村重を説得しようとしている。

十一月六日、毛利水軍が六百余艘の船団で大坂へと押し寄せてきた。村重の謀反は毛利水軍と連動したものだった。が、九鬼嘉隆の大船の前に毛利水軍は惨敗を喫する。織田の大砲が威力を発揮して、毛利水軍を散々に蹴散らしたと公記にある。

十一月九日、信長は荒木村重攻めのために摂津へと出陣。四方を見下ろす高所に陣取り、軍勢を思い思いに配置した。村重方の中川清秀《なかがわきよひで》と高山右近《たかやまうこん》はすぐに降伏し、信長優勢のうちに戦いが展開される。ここで大坂本願寺が村重と連携してことにあたればよかったのだが、毛利水軍の船を焼かれ兵糧不足に陥ったのだろうか、村重単独で信長と戦っている。

腹心の万見重元が戦死する不幸があったが、十二月十一日に付城普請を指示し、二十一日に帰京。なお、明智光秀も丹波国へと兵を進めている。信長の安土帰還は、十二月二十五日。

天正六年の前半、信長は精彩を欠いた。が、九鬼嘉隆に建造させた大船があたり、後半はなんとか盛り返した格好だ。とはいえ、荒木村重の謀反などで足元の不安定さに憂いが残る年越しとなった。

鷹狩り三昧の一年

《巻十二　天正七年　一五七九》

01　一月、安土外交、鷹狩り
02　二～三月、上洛、鷹狩り×2、京外交
03　三～四月、摂津遠征、鷹狩り×3、演習、戦場外交
04　四月、京都の町娘の親殺し状況描写
05　四月、摂津遠征、演習
06　五月、上洛、安土帰還、播磨戦況描写

第二章　信長の後半生

07　五月、安土宗論
08　六〜七月、丹波戦況描写、安土外交、安土相撲
09　七月、粛清、丹後戦況描写
10　八月、丹波戦況描写
11　七〜八月、安土外交、安土相撲、加賀戦況描写
12　九月、摂津戦況描写、宇喜多直家《うきたなおいえ》赦免せず
13　九月、播磨戦況描写、上洛、秀吉活躍、京外交
14　九月、座頭衆裁判
15　九月、座頭衆顚末、京交際
16　九月、伊賀戦況描写、京外交、摂津遠征、信雄叱責《しっせき》
17　九月、人売り女成敗
18　十月、町人成敗、安土帰還
19　十月、摂津戦況描写、安土交際
20　十月、北条戦況報告、安土交際
21　十一月、上洛、鷹狩り×4

22　十一月、摂津戦況描写
23　十一月、京外交、鷹狩り
24　十二月、八幡宮修築
25　十二月、摂津戦況描写、安土帰還

正月は、諸将が摂津に滞陣しているため、安土での挨拶は取りやめになった。一月九日に鷹狩り、二月二十一日に京都で鷹狩り、三月二日にまた京都で鷹狩り、と信長は遊興に情熱を傾けている。

三月五日に信長信忠親子が摂津へ出陣。が、翌六日にはさっそく戦場で鷹狩り。諸将に指示もするが、ほとんどが砦普請の内容だ。

三月十四日、ふたたび鷹狩り。三月晦日には鷹狩りだけでなく箕面の滝も見物したという。観光気分がにじむ記事だ。ちなみに、天正七年だけで鷹狩りを十一回も行っている。摂津や伊丹の戦場でも行っている。信長は敵地偵察のためなら、鷹狩りを推奨していた。この年の戦場での鷹狩りもそういった目的だろうか。

個人的にはちがうと思う。敵の砦や城は完全に包囲されており、それ以外の場所は警戒さえ怠らなければ自由に行き来できたはずだ。鷹狩りを偵察のカモフラージュにする必要はない。家臣や嫡男が順調に成長し、万全の包囲状況だからこそ、信長は手持ち無沙汰だった。だから、公記にあるように鷹狩りを頻繁に行った。あまりにも回数が多かったために、思わぬアクシデントが起こる。三月晦日の鷹狩りでのことだ。

「十三羽のお鷹が足を少し痛めるということがあった。すぐれた鷹を多数お使いになり、大切になさることこの上なく、毎日の鷹狩りに信長公のご苦労は並大抵のものではない。一向にお疲れの様子をみせずに、気力盛んな様子に大勢の者が感じ入った」

十三羽の鷹が足を痛めるほど、「毎日の鷹狩り」を行ったという。にもかかわらず、信長は「気力盛ん」だったと公記は褒めたたえている。

四月八日、またしても鷹狩り。

各方面の諸将の配置と砦普請などを命じて、五月一日に信長は帰京。三日に安土へ帰還。

五月に、浄土宗と日蓮宗の宗論を裁定する。結果は、日蓮宗側の負けだった。そもそもの発端は、日蓮宗側が浄土宗に宗論を挑んだこと。過去にも、日蓮宗は延暦寺に宗論を挑んでいる。前章で詳述した、天文五年（一五三六）の事件だ。この時は勝利したものの延暦寺の怒りをかい、京の日蓮宗寺院が焼き討ちにあった。にもかかわらず、今回も他宗に宗論を吹っかけたのだ。日蓮宗は妙覚寺や本能寺など、京での信長宿舎を提供している。その驕りがあったのかもしれない。裁定を重くみた信長は、日蓮宗側の何名かを処刑した。詳しくは三章で述べる。

光秀が攻める丹波の波多野三兄弟が投降し、六月四日に安土で磔。

七月六日、またしても安土で相撲大会を開催。さらに東北の使者が鷹をこぞって貢いでくる。信長の鷹好きは遠方の大名の耳にも届くようになったのだろう。この頃になると茶器よりも鷹のほうが、信長の興味をひいたようだ。他国の大名だけでなく、家臣たちもこぞって鷹を献上している。

鷹が贈られたのは、七月十八日と二十五日。十八日に、出羽《でわ》国の戦国大名、大宝寺《だいほうじ》義興《よしおき》から。二十五日は、陸奥国の遠野《とおの》孫次郎《まごじろう》と出羽国の前田利信からだ。ご機嫌になった信長は、使者に随行していた鷹匠三名を堀秀政の屋敷で接待し、だけでなく安土城さえも見学させたという。鷹匠を大名のようにもてなすのだから、相当よい鷹を贈られたのだろう。

ちなみに、他国や部下から鷹をもらう記事は頻出するが、信長が鷹を他人に下賜した記事は二回しかない。

八月六日、またしても相撲大会を安土で開催。

信忠を摂津へ派遣。播磨の秀吉が宇喜多直家の投降を報告するが、逆に信長の許可なく帰順投降を許したことで叱責を受けている。九月四日のことだ。

九月十七日、織田信雄が無断で伊賀攻めをして敗北するという大失態を犯す。二十二日付けで、信長は叱責の書状を送っている。ちなみにこの書状を書いた時は、信長も摂津の戦場へ移動中だった。二十四日に戦場着。だが、二十八日には京へ戻っている。巡察だけが目的だったのか。

十月八日の午後八時ごろに京を発ち、一晩中移動して九日に安土へと帰城。なぜ徹夜で安土へと戻ったのかは不明。また、馬上で寝ていたのだろうか。付き合わされる部下たちが大変である。

丹波丹後を与えた明智光秀を接待し、北条家との外交活動で、武田領地へ徳川家とともに侵攻することを約束させたりと、他者を動かすことに時を費やしている。この時、宇喜多直家を赦免し織田家に従属することを許した。

十一月三日、上洛。六日にまた鷹狩り、八日にまたしても鷹狩り、九日、十日も鷹狩り。

他にすることがないのだろうか。律儀に記載する牛一もまめだ。

十一月十九日、摂津の荒木村重との戦場で大きな変化が現れる。敵方の荒木久左衛門らが妻子を織田方に人質として差し出したのだ。荒木久左衛門らは、主君の村重の説得へと向かう。

その間も、信長は京で順調な生活を送っている。十一月二十七日にまたしても鷹狩りである。この時、秘蔵の鷹が風に飛ばされて行方不明になってしまう。十二月一日に丹波国の鷹匠が見つけて進上してきた。ちなみに、六章で詳述するが天正五年にも鷹が遠くへ飛ばされて行方不明になっている。

十二月十日になって、とうとう信長が京都から動く。しかし、行先は摂津の戦場ではない。石清水八幡宮だ。樋が腐っていたので、それを銅で造営せよと命令。朝廷に斧始め（工事始め）の吉日を選んでもらったところ、それが十二月十六日だった。

そうこうしているうちに、信長は前年に裏切った荒木村重の人質の成敗を命じる。荒木久左衛門による説得工作は失敗に終わり、いまだ村重は抵抗中だった。

石清水八幡宮の斧始めの四日前の十二月十二日の晩から明け方にかけて、主だった人質を京へ護送。十三日には、それ以外の人質百二十二人を尼崎の七本松で磔。

処刑はこれだけでは終わらない。身分の低い男女五百人ほどを四つの家に押しこめ、火をつけて焼き殺した。

石清水八幡宮のある山崎から京へと信長が帰ったのが、十二月十四日。十二月十六日に京都へ送った村重の人質三十人の処刑を決行。村重の妻で美貌が評判のたしなど荒木一族の人質たちが次々と処刑された。牛一も思うところがあったのか、人質たちの辞世の句などを多く書き残している。不思議なことは、この時の成敗奉行を前田利家、佐々成政ら越前の柴田勝家につけられた与力たちが担当していることだ。人事の意図がわからない。信長の奉行衆が多忙だったのだろうか。十二月十九日に、安土へと帰還した。正月を本拠地で暮らすことにこだわる信長は、荒木一族の件を翌年まで持ち越したくなかったのかもしれない。そんなことを思わせる、大量処刑の一幕だ。

この年、信長は自ら陣頭に立ち采配をふるう欲求をもてあましていたようだ。

その証拠に、この年から新たな種類の記述が登場する。それは、信長自身による軍事演習だ。

03の記事内のことだ。四月八日に信長は鷹狩りに出るが、そこで軍事演習を催すことを思いつく。徒歩隊と騎馬隊にわけて、徒歩隊を信長と弓衆が受け持ち、馬廻衆と小姓衆が騎馬隊を受け持つ。そして、両者が演習で対戦した。
「騎馬衆が徒歩衆の中へ駆け入ろうと馬をせかす。信長公は徒歩隊とともにおられてそれを防ごうとしばらく大活躍をなさってお気を晴らし、そこからすぐお鷹狩りにお出かけになった」

信長の見事な采配で、騎馬隊を圧倒した。その後、何食わぬ顔で鷹狩りをしているのが面白い。信長の恐ろしいまでの体力である。が、付き合わされる小姓衆や馬廻衆、弓衆はたまったものではあるまい。

さらに05の記事でも、信長は軍事演習を行っている。四月二十六日のことで、前回からたったの十八日後である。前回同様に小姓衆、馬廻衆の参加はもちろんだが、今回はなんと関白の近衛前久も参加した。

足軽を二手にわけて、信長ら指揮官役は馬にのり大いに演習場を駆け回ったという。
「面白く野駆けをなさって、気を晴らされた」という公記の記述から、戦いを求める信長の鬱屈とささやかな気晴らしの様子が見てとれる。

皮肉なことだが、この信長の渇望は癒えることなく本能寺の変を迎えてしまう。

奮闘する家臣と遊興する信長

《巻十三　天正八年　一五八〇》

01 一〜三月、播磨戦況描写、上洛、摂津出陣、鷹狩り×4、郡山外交
02 三月、京外交、鷹狩り×2、安土帰還
03 三〜閏三月、成敗、安土外交、播磨戦況描写
04 閏三月、大坂本願寺との和睦
05 閏三月、加賀戦況描写
06 閏三月、安土外交
07 閏三〜四月、鷹狩り×2、安土外交、成敗
08 四〜五月、播磨但馬《たじま》戦況描写、加賀戦況描写
09 五月、安土相撲×2
10 四月、大坂戦況描写
11 五月、石清水八幡宮正遷宮

12　六月、播磨但馬戦況描写、成敗、安土相撲、安土外交
13　八月、大坂戦況描写（焼亡）
14　八月、成敗×2
15　十一月、加賀戦況描写
16　?月、高天神城戦況描写

天正八年も摂津方面に滞陣する諸将が多いため、正月挨拶は中止となった。言い換えれば、正月返上で戦う家臣たちが多かったということである。

牛一の筆は、秀吉の播磨での活躍に紙数を費やしている。一月十七日、三木城に籠る別所氏を秀吉が滅ぼす。

二月二十一日、信長は上洛。二十四日に鷹狩り、二十九日、三十日も連日鷹狩り、三月一日も摂津の戦場への移動の合間に鷹狩りと鷹三昧である。播磨で奮闘する秀吉の爪の垢でも飲ませてやりたい。

一応、信長のために弁護すると、各地の使者と会見などはしている。

摂津では荒木村重の居城と織田方の付城の様子を確認して、三月七日に帰路につく。当

たり前のように道中で鷹狩りを楽しんで、帰京。

三月九日、北条家の使者とあう。北条家の贈り物は予想通り鷹であった。上機嫌になった信長は「京都見物が終われば安土にも来られよ」と実にフレンドリーな対応を見せている。前年、鷹匠を接待したことといい、鷹に関しては信長は人柄が全く変わってしまう。〝鳴かぬなら殺してしまえ時鳥〟の言葉が嘘のようだ。

会見が終わると信長は安土へと帰っていったが、その際にまた途中で鷹狩り。安土に帰ってからも船を使って奥の島山へといき、五日間滞在してまたも鷹狩り。

もう、開いた口が塞がらないくらい鷹狩りばかりである。

三月二十日、無辺《むへん》という詐欺坊主を成敗。やっと政務に戻ったかと思いきや、三月二十五日にまたしても奥の島山へと鷹狩り遠征。三月二十八日に安土へ帰城。

ここで大坂石山本願寺との戦いに大きな変化が現れる。大坂本願寺に、朝廷からの退城勧告がでた。閏三月のことだ。

籠城に疲れていた大坂方は退城を決意し、閏三月七日に大坂本願寺が誓紙に署名した。本格的な退城はこれより五ヶ月後のことである。

ここで、牛一の筆は加賀一向一揆の描写に移る。総大将は柴田勝家だ。閏三月九日、柴田勝家が加賀一向一揆を攻撃し、越中国まで進撃。

視点を戻して、閏三月十六日、信長は伴天連《ばてれん》の屋敷地の普請を命じる。やっと政治への情熱を取り戻したかと思いきや、「信長公は毎日毎日お弓衆を勢子《せこ》に使って、お鷹狩りをなさった」とある。牛一も一々書くのが面倒になったのかもしれない。同情すべきは弓衆で、勢子がわりに毎日こき使われている。

そうこうしているうちに、本願寺の指導者顕如が城を出た。四月九日のことだ。だが、長男の教如ら反信長派が城を占拠。

四月十一日、鷹狩りにいく途中に、越中国の家臣神保長住《じんぼながずみ》の使者と落ち合い、馬二頭を献上されている。とうとう鷹狩りの場で、家臣たちを引見しだした。二十四日の鷹狩りでは不穏な事件が起きた。狩り場のすぐそばで、人夫たちが大石を山から運びだす仕事をしていた。運悪くその大石が信長の近くに落下したのだ。怒った信長は、責任者のひとりを処刑する。落命した責任者はかわいそうだが、信長らしい苛烈さがやっと出てきた。

ここで、秀吉の中国攻めの描写が挟まれる。播磨を順調に攻略する秀吉は、隣の但馬国へと弟の羽柴小一郎長秀《こいちろうながひで》（後に秀長《ひでなが》と改名）を派遣。小一郎は、但馬国を苦もなく攻略する。なお、羽柴長秀については、名前が丹羽長秀と同じで煩雑なので、通名の小一郎と表記する。

さらに、牛一は筆を北陸の柴田勝家に転じる。が、こちらは秀吉の播磨但馬攻めとちがい歯切れが悪い。どうやら、勝家から信長への連絡に不備があったらしく、信長の部下ふたりが視察の任をおびて派遣された。「この方面のことを信長公は心もとなくお思いになり」と、公記は信長の不安を記している。結果、能登加賀両国の統治が順調だと信長に報せる。上機嫌になった信長は使者ふたりに褒美を取らせたという。だが、まだ能登は平定されていなかったようだ。反信長派の温井《ぬくい》景隆《かげたか》、その弟の三宅《みやけ》長盛《ながもり》が、信長派の長連龍《ちょうつらたつ》と戦っている。すぐに彼らは降伏したが、能登国内にはまだまだ反対勢力がいたらしい。

この時期に、織田軍団に変化が発生している。

当時の軍団編成を整理してみよう。

【丹波】　明智光秀
【北陸】　柴田勝家
【大坂】　佐久間信盛
【中国】　羽柴秀吉

【美濃/遊軍】織田信忠

である。まだ、滝川一益は軍団長にはなっていない。

先述したように、信長は柴田勝家の北陸の戦況を心もとなく思っている。使者を派遣せねば、戦況がわからないというのはちょっと異常である。柴田勝家も、なぜ能登加賀両国平定の進捗報告を怠ったのか。

信長の統率のたがが緩みはじめているのかもしれない。と同時に、柴田勝家の能力への不信も信長は抱いているイメージを受ける。

ちなみに変化は、もうひとりの軍団長である羽柴秀吉にも起きている。弟の羽柴小一郎の成長だ。秀吉自身は姫路に在城して、弟の小一郎に但馬攻めを任せた。一軍団長の身ながら二正面作戦を展開する力を身につけている。実際に小一郎は但馬を平定し、その能力が軍団長に比肩することを証明してみせた。

中国で奮戦する秀吉らとは対照的に、信長は気楽な生活を送っている。

五月五日、安土で相撲大会を催す。十七日にも相撲の会。馬廻衆に見物させたという。

六月二十四日に、また相撲の会の催し。面白いのは、提灯の明かりのもとで夜明けまで行われたことだ。飽くことのない相撲への情熱が垣間見える。

さて、大坂本願寺である。退城反対派の教如が、八月二日にとうとう城から退出した。が、ここで不幸がおこる。

数百艘の舟で退城したが、悪風が吹きつけ、松明の火が伽藍に燃え移ったのだ。三日三晩燃えた結果、一宇も残すことなく焼亡してしまう。

そして、本書のテーマであるもっとも重要な事件の流れが出来する。

八月十二日、信長は京を発ち、焼け跡となった大坂城へと向かう。大坂の地で、本願寺攻めの総大将の佐久間信盛への譴責状を自筆でしたためた。その項目十九ヶ条。主なところは、大坂攻めの怠慢である。さらに、信長からつけられた与力ばかりを働かせ、自分の戦力を温存したこと。天正三年に処刑した水野信元《みずののぶもと》の旧領を与えたのに、その旧臣をほとんど抱えこまず、新しい家臣も採用せずただ自分の収入に変えたこと、などなど。

ネチネチと信盛を攻撃した後に、信長は次のふたつの選択肢を与える。

・敵を平らげ、恥をそそぐ。
・剃髪し高野山へ追放される。

ここで信盛はどうしたか。追放されることを選んだ。

さらにどうしたことか、八月十七日には林秀貞《はやしひでさだ》、安藤守就《あんどうもりなり》親子、丹羽氏勝《うじかつ》らの家老たちにも相次いで追放を言い渡す。

そして奇妙なことが起こる。それまで粘着質とも思われる情熱で、信長の事績を記していた牛一の筆が止まるのだ。

佐久間信盛と林秀貞らを追放して、すぐにだ。十一月に柴田勝家の加賀での一向一揆討伐の記事、家康の高天神城攻めの簡単な記事があるだけだ。

空白といっていい期間の信長の描写はひとつだけ。勝家から送られてきた一向衆の首を見て「信長公のご満足はひとしおであった」というのみ。

一体、この時期、信長に何があったのだろうか。詳しい分析は三章から七章でふれる。

翌年の記事にも目を通しておこう。信長が没する天正十年六月まで、あと一年と六ヶ月だ。

壮大な馬揃えを挙行

《巻十四　天正九年　一五八一》

01　一月、普請指示
02　一月、鷹狩り、高天神城援軍派遣
03　一～二月、左義長祭《さぎちょうまつり》、上洛、京外交
04　二～三月、京馬揃え×2、北陸状況描写、安土帰還、安土外交
05　三～四月、高天神城戦況描写、成敗
06　四月、成敗
07　四月、安土相撲、安土外交
08　五～六月、北陸戦況描写、成敗
09　六月、成敗
10　六月、因幡戦況描写
11　七月、成敗、安土城ライトアップ、成敗、安土外交
12　八月、安土馬揃え、安土外交、【信忠軍事演習】
13　八月、中国戦況描写、派遣
14　八月、成敗

15　?月、北陸指示
16　九～十月、伊賀へ派兵、鷹狩り
17　十月、伊賀巡察、安土帰還、鷹狩り
18　十月、鳥取攻状況描写
19　十～十一月、中国攻状況描写、安土外交
20　十一月、淡路平定
21　十一月、安土外交
22　十二月、つつもたせ事件
23　十二月、安土外交

謎の空白期間をへて、信長の行動が急に活発になる。記事を見ると、01で信長は「他国衆の年賀の儀式は省略する」と通達したとある。だが、安土の馬廻衆にだけは挨拶をするよう指示をした。馬廻衆を西門から東門まで通して、信長に謁見するよう手配していたが、なぜか信長は現れなかった。夜中から午前十時まで雨が降ったのが理由だというが、信長らしくない行動だ。何より雨は朝の十時までなのだから、昼からの引見は可能である。

かといって、何もしていないわけではなく、安土に馬場を築くように側近たちに命じている。

一月二日から、人が変わったように信長は動きだす。鷹狩りの獲物を安土の町人たちに下賜し（ということは鷹狩りを催したのだろう）、町人たちもお礼の能楽を信長の前で披露した。

馬廻衆のお披露目をスルーした信長とは別人のようだ。たった一日で何があったのだろうか。さらに八日に信長が正月挨拶をドタキャンした馬廻衆たちに、左義長祭で派手な衣装を着るよう命令する。一月十五日、左義長祭を迎える。馬廻衆だけでなく、信長も美麗な衣装で登場。みなの度肝を抜いた。爆竹を鳴らしながら、早馬を十騎、あるいは二十騎ずつ走らせるという演出も見事だったという。

これに気をよくしたのか、信長は明智光秀に京都での馬揃えを計画するよう指示。約一ヶ月後の二月二十八日には、京で馬揃えを大々的に挙行。大和、山城、摂津、河内、和泉の五畿内、さらに加賀や越前、越中などの北陸衆を中心とする大名小名たちが集結した。各自が自慢の馬と華麗な装束で登場。信長も乗る馬を頻繁にかえて、何度も登場した。正親町《おおぎまち》天皇からのお褒めの言葉ももらったという。

さらに三月五日、朝廷からの要請をうけ再度、馬揃えを挙行。

が、この馬揃えの間隙をついて、北陸で反信長の火の手があがる。上杉景勝《かげかつ》の部下の河《かわ》田長親《だながちか》が松倉（富山県魚津市）に立て籠もったのだ。柴田勝家、神保長住、佐々成政ら有力武将は馬揃えに参加していたため不在だった。幸いにも、在国していた佐久間盛政の活躍で、敵の侵攻は食い止められた。

三月十日に、安土へと信長は帰還。河田長親と戦う北陸衆に指示を発して、諸将を派遣する。

北陸の情勢が不安定なのに、馬揃えというイベントを強行した。しかも、そこに北陸軍団の首脳をこぞって参加させたことで、敵の河田長親に攻撃の隙を与えてしまう。明らかに信長の判断ミスであり、やはり精彩を欠いて見える。

家康の高天神城攻略の記事をはさんで、怠けていた女中の成敗や家臣への知行の宛行《あてがい》、さらに和泉国槙尾寺討伐の手配などをしている。

四月二十一日、またしても安土で相撲大会を催す。

五月二十四日に、北陸で信長を悩ませた河田長親が病死する。「御敵河田豊前守（長親）」とあるので、目の上のたんこぶが病死してくれたことがわかる。

六月十一日、越中国の寺崎盛永《てらさきもりなが》親子を幽閉。二十七日、能登国、七尾城家老の遊佐続光《ゆさつぐみつ》を処刑。

秀吉の中国攻めの描写の後に、七月六日に越中国木舟城主の石黒成綱《いしぐろなりつな》ら一門約三十人を処刑。

七月十五日、安土城の天主閣と摠見寺《そうけんじ》に提灯を吊るしライトアップする大イベントを開催。馬廻衆たちが手に松明を持ち道や堀に並び、安土の街を美しく照らしたという。かつて信長とともに今川義元、朝倉浅井を打ち破った精鋭・馬廻衆だが、この頃にはイベント実行部隊に堕している。

七月十七日に、一ヶ月前に幽閉していた寺崎盛永親子を処刑。

七月二十日、二十一日、信長は安土で、出羽国の有力者の使者を引見。

八月一日、またしても馬揃えを開催。ただし、場所は安土においてである。五畿内と隣国の武将たちが馳せ参じた。

遊び惚ける信長とは対照的な記事もある。嫡男の信忠だ。八月十二日、長良川に馬場を造り、美濃尾張の侍衆を集め軍事演習を行っている。

ここで秀吉の中国戦線で変化が起こる。毛利輝元、吉川元春、小早川隆景ら毛利家三首脳が援軍に訪れるという一報がもたらされた。

「信長自らが出馬し、東国と西国の軍兵が相対して一戦を遂げ、ことごとく敵方を討ち果たす」

信長は、決戦の意思を表明。やっと精彩が戻ってきたようだ。諸将に出陣の準備を命じ、明智光秀や細川藤孝らをつかって兵糧を中国へ運ばせた。

八月十七日、高野聖を数百人処刑。

だが、信長は中国には出兵しなかった。かわりではないが、九月三日、次男の織田信雄を伊賀遠征に向かわせた。その間、信長はまたしても十月七日に鷹狩りをしている。そして二日後の十月九日、平定された伊賀の視察へ向かう。飯道寺《はんどうじ》や国見山などの高所に登り、国の様子を検分した。十三日に安土に戻り、十七日に鷹狩りを楽しんでいる。

秀吉が攻める鳥取城が陥落した記事など、中国攻めの逸話のあいだに、信長が越中国の佐々成政や関東の使者を応対。

さらに、秀吉は十一月十七日に淡路島にわたり、岩屋《いわや》城を落とし二十日に姫路《ひめじ》城に帰還。

信長とちがい、猛烈な働きぶりである。

十一月二十四日、武田家に人質にやっていた織田信房《のぶふさ》が織田家に帰ってきたので、対面。鷹や馬などを下賜している。

年末、諸将の歳暮の挨拶を受ける。特に中国や淡路島を転戦した秀吉には感状を与え、茶道具十二種を下賜している。

信長の活躍よりも、秀吉の武功が目立った一年だ。ただ、三度にわたる馬揃えや左義長祭、相撲大会、安土城ライトアップなどを開催。きっと領民や貴族たちをいかんなく楽しませた一年だったろう。もちろん、それによって北陸戦線が危機に陥ったのだが……。信長の千里眼が曇っているといわざるを得ない。

最後の一年

《巻十五　天正十年　一五八二》

01　一月、安土外交

02　一月、左義長祭、信盛死亡、安土外交

03　一月、伊勢神宮正遷宮

04 一月、紀州派兵
05 二月、武田家状況描写、武田攻派兵、【信忠武田攻】
06 三月、【信忠武田攻】
07 ?月、【家康武田攻】
08 三月、勝頼逃亡
09 三月、信長出陣
10 三月、勝頼滅亡
11 三月、越中反乱、武田家戦後処理
12 三月、武田家戦後処理
13 三月、中国攻、武田家戦後処理
14 ?月、戦後処理
15 三月、戦後処理
16 三月、戦後処理
17 三月、戦後処理
18 三月、戦後処理

19　三〜四月、戦後処理
20　四月、成敗
21　?月、成敗×2、旧武田領外交
22　四月、川中島戦況
23　四月、安土帰還
24　四〜五月、派兵準備
25　五月、安土外交
26　五月、中国攻
27　五月、安土外交
28　五月、家康堺見物
29　五月、光秀連歌
30　五月、上洛
31　六月、本能寺の変
32　六月、信長自害
33　六月、【信忠自害】

34　六月、安土状況描写

35　六月、家康帰国

信長、最後の年である。

前年からのハイテンションな信長の行事はつづく。正月早々から家臣たちの挨拶を大々的に受ける。前年末、歳暮の挨拶を受けたにもかかわらずである。

が、肝心の城がもたなかった。人の重みに耐えかねて石垣が崩れ「負傷者数知れず」という有様で、死者もでる大惨事となった。

が、そんなことは信長には関係ない。来客たちに自慢の安土城の城内や座敷を見せつける。天皇の御幸の間も披露したというから、相当にご機嫌だったようだ。

つづいて、正月十五日に左義長祭を開催。二年つづけての開催だ。爆竹を鳴らし、武者たちが颯爽と馬を走らせた。信長も見事な装束で登場して、人々の目を驚かせた。

そうしているうちに、転機が訪れる。

信濃国の木曾《きそ》義政《よしまさ》（義昌とも）が、武田勝頼を裏切り信長に内応したいと申し出たのだ。二月一日のことである。

思い出すのは、天正元年八月の浅井攻めだ。当時、信長は浅井家と熾烈な抗争を繰り広げていた。そんな時に、浅井家家臣の阿閉貞征が投降してきた。この機を逃さず、信長は電光石火の用兵で北近江へと侵攻し、二日後には越前朝倉家との連絡を断つ要地に兵をいれた。

大変似たケースだが、信長の動きは鈍い。そもそも第一報が信長に直接来たのではなく、信忠のもとへと来たのでタイムラグもあった。木曾義政からの人質確保を最優先事項として行動するように、信長は指示を送る。

国境に兵を配置してから、信長自らが出陣して決着をつけるつもりだったようだ。信長は、自身の手で采配をふるうことを渇望していたのだろう。

しかし、義政の内通は露見し、武田勝頼が兵を動かす。二月二日のことだ。翌日、信長は徳川家や北条家も動員し、諸方面からの一斉侵攻の命令を下す。

二月十二日、まず信忠が出陣した。きっと所領のある岐阜城からだろう。武田家は難敵と予想されていたが、信忠は快進撃をつづける。

快進撃の要因は、信忠の十全な用意にあったのではないか。前年の天正九年の12の記事だ。

「八月十二日、信忠は尾張国と美濃国の侍衆を岐阜に召集して、長良川の河原に馬場を築いて、前後に高い築地をつくり、左右に高さ八尺の柵をつくらせて、毎日馬にのった」

信忠は尾張美濃の部下を呼び寄せ、軍事演習を行っている。高い築地と高さ八尺（約二メートル四十センチメートル）の柵があることから、攻城戦を想定した軍事演習だとわかる。

蛙の子は蛙というべきか、合戦にかける情熱と用意周到さは父の信長と似ている。城攻めを想定した演習は、武田攻めでいかんなく効果を発揮したはずだ。なぜなら、武田軍は城に籠もって、信忠に対抗しようとしたからだ。

勝頼の弟の仁科盛信《にしなもりのぶ》が守る高遠城《たかとお》では、激戦になった。そこで信忠は果敢にも先頭で采配をふるう。

「信忠卿は尾根続きのからめ手口へ押し寄せ（中略）残りの者は城内へ逃げこんでしまった。こうした中で信忠卿ご自身が武具をお持ちになり、先を争って塀際へ取りつき、柵を破って塀の上にのぼり、『いっせいに攻め込め』と命令された」

公記にある、信忠の戦いぶりである。自ら柵を倒し、塀の上へと登ったのだ。きっと、長良川河畔の馬場にたてた柵や築地を登った経験が活きたはずである。

三月一日に着陣して、苛烈な攻めで三月二日には高遠城を落城させている。

信長は、信忠に自重して自身の到着を待つようにいったようだが、快進撃は止まらない。特に信忠が高遠城をあっという間に落城させたのが、勝頼にはこたえたようだ。

三月三日、居城の新府《しんぷ》城に火をかけ、勝頼は逃亡。その際、各地から集めた人質たちを一緒に焼き殺してしまった。

そして、この時、信長はまだ安土にいた。安土城を出立したのが、三月五日。十一日にやっと武田領を目前にする美濃国の岩村についたが、同日には滝川一益によって武田勝頼親子の首は討たれてしまっている。

合戦を愛した信長の最後の戦いは、戦場には程遠い自軍の領内を行軍中に終わりを告げた。無論、信長はその後も中国毛利攻めに情熱を傾けるが、六月二日の本能寺の変でかなわぬ夢と終わる。

公記を読む限り、信忠は順調に成長していた。信長をよき手本としていたようだ。

信長が戦争に挑む際に重視したのが、高所からの偵察だ。公記では、高所から信長が偵察する記述がいくつもある。

信忠も高遠城を攻める前に、高所から偵察を行っている。

「高遠の城からは川を隔てたこちら側の山の上におのぼりになり、そこから敵城内の動きや様子などを見おろして、その日は貝沼原に陣取られた」

公記での信忠の記載である。若さゆえの無鉄砲な攻めではなく、十分な勝算があっての速攻だったとわかる。

武田家を苦もなく滅亡させ、最大版図となった織田家だが、実は不安要素も露見している。版図が拡大したゆえに、軍団長が追加で必要になったのだ。

が、適当な人材がいない。

天正八年八月までの軍団長は、以下のような人選だ。

【丹波】　明智光秀
【北陸】　柴田勝家
【大坂】　佐久間信盛
【中国】　羽柴秀吉
【美濃／遊軍】　織田信忠

佐久間信盛は失脚し、所領や与力などは明智軍団や信忠軍団に組み込まれる。

そして、天正十年になって、武田家を滅ぼし織田家の所領が一気に拡大した。つまり、新領地の軍団長を任命する必要がでたのだ。さらに、四国の長宗我部《ちようそかべ》元親《もとちか》との仲も険悪になり、四国遠征軍の軍団長も必要になった。

そこで、信長は以下のように編成し直す。

【近畿】　明智光秀
【北陸】　柴田勝家
【中国】　羽柴秀吉

【美濃尾張】　織田信忠
【四国】　織田信孝（丹羽長秀）
【関東】　滝川一益

新たに信長の三男の織田信孝を軍団長にし、丹羽長秀を補佐役につけて四国方面の戦いを任せる方針をたてた。そして、関東方面の軍団長に、滝川一益をつける。

不安要素は、新軍団長の実力だ。

信孝はまだ若く、経験が不足している。補佐役の丹羽長秀はながく信長の股肱をつとめているが、最近は吏僚としての働きの方が目立つ。秀吉や光秀、勝家に比べ、軍事面の実績は劣る。

もうひとりの新しい軍団長の滝川一益だが、公記の記事にこんな不安要素が記されていた。

「信長公は滝川左近将監《さこんのしょうげん》（一益）をお召しになって、上野国ならびに信濃の内の二郡を下された。年をとってから遠国へ遣わすのは気の毒であると思われたが、関東八州の警固を申し付け『老後の名誉をあげるため、上野国に在国し、東国に関することの取次を申しつける』とのことで、ありがたいことに信長公ご秘蔵のえび鹿毛のお馬をくださり『この馬にのって入国されよ』と仰せになった」

滝川一益は、信長が心配するほどの高齢だったのだ。「老後の名誉」という表現も、かなりの年齢だったことを想像させる。

一益は大永《たいえい》五年（一五二五）生まれなので、五十八歳。現代の感覚ではまだ管理職として十分に活躍できそうだが、人生五十年の戦国時代はちがうのだろう。ましてや武田が長く統治していた領地を運営せねばならない。

こうしてみると、軍団長の高齢化と若年化が顕著だ。年齢を見てみよう。

？とあるのは推定、（　）は異説だ。

明智光秀　六十七歳（五十五歳、七十歳）
柴田勝家　六十一歳？
羽柴秀吉　四十六歳
織田信忠　二十六歳

織田信孝　二十五歳／丹羽長秀　四十八歳
滝川一益　五十八歳

滝川一益と同じくらいかさらに高齢な軍団長が、ふたり。そのうちの柴田勝家は、天正八年の公記の記事に信長への北陸の戦況報告を怠ったように不安要素がある。

経験が不安視される、若年の軍団長もふたりいる。信忠は武田攻めで才能の片鱗を見せたが、活躍した諸将が武田旧領を宛てがわれたので、家臣団が手薄になっていたはずだ。信孝に関しては、実力は未知数だ。勝手に伊賀を攻めてしくじった、織田信雄よりましという程度か。

織田家の急速な拡大に、人材が追いついていない。充実しているのは、四十六歳の羽柴秀吉だ。弟の小一郎の活躍もあり、この時点ですでに実力は他の軍団長よりも頭ひとつ飛び抜けている。

こうして考えると、天正八年に追放した佐久間信盛のことが悔やまれる。信盛は五十五歳と推定されており、四十九歳の信長よりも高齢だが、滝川一益よりも三歳だけ若い。追放された心労のために天正十年正月に亡くなってしまうが、健在であったならまだまだ軍団長として活躍できたのではないか。

公記の記事に戻る。四月十日、信長は占領地の所領を家臣に宛行い、帰国の途に就く。徳川領である駿河、遠江、三河を観光しながらゆっくりと帰還した。

公記は、家康による信長接待の様子を詳細に掲載している。道の整備と警護、川にかける新たな橋、信長の宿泊する新しい館の普請、休憩所ごとの茶の接待など、ある意味で合戦以上に苦心工夫する家康の様子がわかる。

安土へ帰還したのが、四月二十一日。主客をいれかえるようにして、家康が安土城を目指す。元武田家家臣の穴山梅雪《あなやまばいせつ》とともにだ。

五月十五日、家康が安土着。十七日まで、明智光秀が家康を接待。

五月十九日、安土城下の摠見寺で幸若舞《こうわかまい》と能楽を見学。この時、能の梅若大夫《うめわかたゆう》を信長が叱責したという。翌日の能を突然一日繰り上げたゆえに、梅若大夫が不出来な能楽を演じたせいだ。

五月二十一日、信長は家康に京大坂奈良堺などを見物するよう勧めて、接待役や案内役の家臣を任命。ここで、公記の記事は光秀の視点になる。

五月二十六日、光秀が坂本を発ち亀山城へ。二十七日、愛宕山へいき、おみくじを二、三度ひく。二十八日、愛宕山《あたご》西坊で連歌会《れんがかい》。有名な「ときは今あめが下知る五月哉」の歌を披露。

五月二十八日、亀山城へ帰還。信長の記事に戻り、五月二十九日、上洛。中国攻めのためである。小姓衆二、三十人のみを連れての行動だった。多くの家臣たちを同行させなかったのは「出陣の用意を整え、触れのあり次第、出立するように」という信長の命令のためだ。

「このたびはお伴の軍兵がいなかった」と公記にある。信長は少人数での行動を好む傾向があるが、それにしても異常な少なさだったことがわかる。

そして、光秀目線の記事になり、本能寺の変へ移行する。六月一日夜に謀反を決意し出兵、本能寺を囲ったのが六月二日の早朝。ここで、あえなく信長は討死。もちろん公記は紙数をたっぷりとっている。さらに妙覚寺《みょうかくじ》にいた信忠が二条城に移って光秀に抵抗した最期の姿を描く。

混乱する安土城の様子や家康の急ぎの帰国の様子などを書いて公記は終わっている。

第三章　強すぎる完璧主義

第三章　強すぎる完璧主義

空白期の信長

天正八年八月十八日から十二月晦日まで、公記には謎の空白期間がある。この頃、信長は一体何をしていたのか。どんな状況だったのか。

そこで、私は空想してみた。

信長は、この時期、鬱病などの心の病を患っていたのではないか、と。

公記を読むに、織田信長はいくつかの精神の特徴や偏りがあると思っている。

強すぎる完璧主義。

アンガーマネジメントの欠如。

激しい気分の浮き沈み。

これからは、信長のパーソナリティに注目してみたい。三章では完璧主義すぎる信長について、四章ではアンガーマネジメントが欠如した信長について。そして、五章では信長の性格の偏りの被害者となった佐久間信盛について、さらに六章では激しい気分の浮き沈みについて書いていきたい。

信賞必罰の男

公記などから読み取れる信長の性格とは、どんなものだろうか。

まずは「信賞必罰」があると思う。

罪ある人には高い身分でも容赦なく罰を下し、功績をあげたものには秀吉や光秀などのように低い身分でも公平に褒美を下賜し出世させる。

特に〝必罰〟には、厳格なルールがあるように見受けられる。寵臣でも容赦なく罰している。

【ケース1　公記　首巻　年代不詳】

織田家家臣の甚兵衛の家に、池田恒興《いけだつねおき》の家来の佐介が盗みに入った。甚兵衛が留守の間の夜盗だったが、在宅していた女房が起き上がってつかみかかり、その鞘を盗人の証拠として奪った。そして、清洲城に訴えでた。

裁判は、奉行衆の前で火起請《ひぎしょう》という方法で行われた。真っ赤になるまで熱した斧を握らせて、取り落とせば有罪という原始的な裁定方法だ。

結果は、恒興の家来の佐介が取り落としてしまった。しかし、佐介の主君の恒興は信長の乳兄弟として寵愛を受けていた。家臣たちはその権勢に驕り、佐介への成敗を妨害した。そこに通りがかったのが信長だ。人々から火起請の様子を詳しく聞き、佐介をただちに成敗した。

寵臣の部下であっても、公平な裁きを強要し、躊躇なく処刑する必罰の姿がみえる。

【ケース2　公記　巻十二　天正七年】

五月中旬のことである。浄土宗の高僧・霊誉が関東から安土へと訪れた。その霊誉に、日蓮宗の建部紹智《たけべしょうち》、大脇伝介《おおわきでんすけ》のふたりが宗論をしかけた。霊誉は、日蓮宗側からも高僧を出すことを条件に宗論を受けてたつと意思表明した。

そこで日蓮宗側は、長命寺の日光、妙国寺の不伝、常光院、九音院《くおんいん》、堺の油屋弟《おとと》坊主などを召集。五月二十七日に論争が行われることになった。

結果は、浄土宗の霊誉側の勝ちだった。

これに対し、信長は苛烈な処断を下す。

まず、宗論のきっかけをつくった日蓮宗側の大脇伝介を処刑。つづいて、妙国寺の不伝も処刑。さらに逃亡した建部紹智を、堺の港まで追いかけて斬首とした。

さて、この論争である。信長は日蓮宗と非常に親密な関係にある。具体的には、京での宿舎を日蓮宗が提供していたのだ。妙覚寺や本能寺である。

いわば、日蓮宗は織田家の協力企業だ。が、宗論で日蓮宗は負けた。そんな日蓮宗に対して、信長は容赦なく処刑を科している。斬首になった不伝などは、前関白の近衛前久とも親しい僧侶だ。が、信長は近衛前久から不伝の行状を細かく聞き取り、容赦なく処刑している。

この件は、ルイス・フロイスの日本史にも記載されている。

「法華宗が敗れたので、信長はその場で宗論の際の主役であった普伝（不伝）という僧侶と、彼に仕えていた塩屋のゲンナイ（筆者注・塩売りの大脇伝介）の首をはねるように命じた。なぜなら信長は彼らに好意をよせていたからだ」

〝好意をよせていたから〟とあるように、信長は日蓮宗側に強い思いいれがあった。それは、京都での本拠地を妙覚寺や本能寺に指定していたからだ。が、好意の有無と処罰は関係ないということか。ルイス・フロイスの文からは〝可愛さ余って憎さ百倍〟という精神状況になった信長の姿がうかがえる。だからこそ、日蓮宗側の首謀者を執拗に追い詰めたのだろう。ただし、信長が好意をよせていた〝彼ら〟が浄土宗側という読み方もできる。

その後も信長は、日蓮宗の寺院を京都の宿舎として頻繁に利用している。今後の京での滞在の安全を考えれば、日蓮宗側への処罰を不問あるいは軽くするのが妥当だが、信長は容赦しなかった。

実際に日蓮宗はかなりの恨みを持ったようだ。

処刑した不伝らだけでなく、居合わせた日蓮宗の僧侶に信長はこんな文章を起請文に書かせた。

「近江の浄厳院で浄土宗と宗論したところ、法華宗が負け申しました。そこで、京の不伝と塩屋伝介とが討ちはたされました」

問題は「法華宗が負け申しました」というところで、この一文を日蓮宗側は大変に恥じたという。だけでなく、後の人々がもの笑いの種にした。

協力企業ともいうべき日蓮宗の面目を潰す、あまりにも容赦のない裁定だ。信長のことを恨みに思った僧侶も多いだろう。もちろん、これが本能寺の変につながったなどとは飛躍しないが、織田家の官僚たちはその後のフォローに大変な労力や心労があったのではないだろうか。

他には公記ではないが、ルイス・フロイスの日本史にもこんな記述がある。

【ケース3　日本史　永禄十二年】

信長が足利義昭を奉じて上洛した。その翌年、信長は将軍義昭のために御殿を建築する。公記の巻二にも書いてある記事だ。

信長自身がカンナを持ち、皮袴と粗末な衣服を身につけて工事の指揮をとったという。

おかげで、この工事に勤しむ高位の侍もみな粗末な服を着たそうだ。さらに、工事見物の人々には信長の前で草履を脱がずに通行することを許した。

そんな信長の逆鱗にふれたのが、ある兵士だ。悪戯心である貴婦人の顔を見ようと被りものをすこし持ち上げたところを、信長が目撃。有無をいわせずに衆人環視のもとで処刑した。

信長の前では、履物をはいたままの通行は許すが、ハレンチな行いはたとえ悪戯であっても許さない。

信賞必罰は言い換えれば、公平さである。

公記には、こんな例がある。

【ケース4　公記　巻二　永禄十二年】

一月四日、前年に上洛し将軍位につけた足利義昭が、本圀寺で敵に囲まれた。岐阜城にいる信長が急遽出発しようとすると、荷物を運ぶ馬借《ばしやく》（運送業者）たちから異議が唱えられた。荷の重さに不公平があるというのだ。

織田家と親しい馬借たちの荷は軽く、織田家と疎遠の馬借には重いものが分配されている――そう馬借たちが疑ったのだ。

一刻を争う事態だが、信長は馬借たちの荷をひとつひとつ点検して、荷の重さが公平だと明示したという。

貴重な時を費してでも荷を点検したのは、信長にとって〝公平さ〟こそが自分の政道の基盤だったからではないか。

そして、武将や民たちは、信長の公平さを信用した。だからこそ勇敢に戦い、数々の軍役や夫役にも応じたのだ。

そういった厳格さを、信長は自身にも容赦なく課したようだ。あるいは、公平さやルールを厳守することに強迫観念を持っていたのかもしれない。己の制定したルールを遵守する姿が散見される。

自らにも課した厳しいルール

【ケース1　公記　首巻　年代不詳】
信長は十六～十八歳のころまでは、意外にも遊興には一切興味を示すことがなかった。どころか、朝夕に馬の稽古を日課として、三月から九月までの実に六ヶ月の間、水泳の訓練に明け暮れた。旧暦の三月といえば、新暦では四月でまだ水は冷たかったろう。他にも、鉄砲と弓、兵法（剣術）の稽古にも余念がなく、それぞれに熟練の教師をそば近くにおいて稽古を積んだという。

必須課目の稽古を習慣化して、厳しく律する姿が伝わってくる。

遊びには興味を示さなかった信長だが、牛一は同時に「見苦しいこともあった」と、当時の服装や所作の問題点に言及している。

「町を歩くとき、人目をはばからず栗、柿、瓜を食べ、あるいは立ちながら餅を頰張り、人によりかかるような歩き方をしていた」

ゆえに、皆が信長のことを「大うつけ」といったという。

同様のことは、ルイス・フロイスも感じ取っていたようだ。

ルイス・フロイスは、信長の性格や特徴をこう書いている。少々長いが抜き出してみる。

【ケース2　日本史　年代不詳】

「彼（信長）が天下を統治しはじめた時は三十七歳くらいであったろうか。彼は中くらいの背丈で、華奢な体軀であり、髭は少なくはなはだ声は快調で、極度に戦を好み、軍事的修練にいそしみ、名誉心に富み、正義において厳格であった。

彼は自らに加えられた侮辱に対しては懲罰せずにはおかなかった。

幾つかのことでは人情味と慈愛を示した。

彼の睡眠時間は極度に短く早朝に起床した。貪欲ではなくはなはだ決断を秘め、戦術にきわめて老練で、非常に性急であり、激昂はするが平素はそうでもなかった。

彼はわずかしか、またはほとんどまったく家臣の忠言に従わず、一同から極めて畏怖されていた。

酒を飲まず食を節《せっ》し（中略）彼は自邸においてきわめて清潔であり、自己のあらゆることをすこぶる丹念に仕上げ、対談の際、遷延することや、だらだらした前置きを嫌い、ごく卑賤の家来とも親しく話をした」

睡眠時間が短く早朝に起床

酒を飲まず、食を節す
自邸においてきわめて清潔
自己のあらゆることを丹念に仕上げる

という特徴を伝えている。

睡眠時間が短いのはショートスリーパーだった可能性もあるが、禁酒や食事を節制する姿は一流のアスリートを思わせる。

己を律することに、信長は貪欲だった。

若き頃の信長は遊興をしないと書いたが、例外として鷹狩りは行った。先の章で書いたように、信長は晩年になると行軍の途中などでも頻繁に鷹狩りを催すようになる。が、この頃の鷹狩りは信長にとっては遊興ではなかったようだ。


【ケース3　公記　首巻　年代不詳】

信長と親しい僧侶の天沢《てんたく》が甲斐を訪れた時、武田信玄が信長の行状を問いただしている。

そこで信玄が興味を持ったのは、信長の鷹狩りの方法だ。

まず、二十人の鳥見の衆を任命。

二人一組にした鳥見の衆を二里、三里先へ派遣。

どこの村にどんな鳥がいるかを調べ、二人のうちの一人が信長のもとに報告に走る。


これをもとに、信長は最適な鷹狩りの地へと赴く。合戦での偵察を想定しているように思われる。集めた情報を総大将がいかに判断するかのトレーニングも含まれるだろう。


他にも鷹狩りでは、「馬乗り」と「向待ち《むかいまち》」という役割分担を決めている。

「馬乗り」は、文字通り馬に乗り操る役だ。鐙《あぶみ》をわらで隠した馬に部下を乗せて、獲物の鳥のまわりをゆっくりと歩かせる。その陰に信長が隠れて近づき、接近してから鷹を放つ。

これは急襲や奇襲の訓練だろう。後の桶狭間の合戦で今川義元本陣を急襲できたのは、この鷹狩りで培った呼吸のおかげかもしれない。

「向待ち」という役割も説明する。鷹が獲物に取りつくとすぐに駆け寄り、獲物を確保する役目だ。そのために向待ちは百姓の格好をして、鍬《くわ》を持って田を耕す真似をして獲物を騙したという。

これを聞いた武田信玄は「武者の心を巧みにつかんでおられる」と感想を漏らした。信長が、鷹狩りを遊興ではなく合戦のトレーニングとして励んでいることを見抜いたのだ。

ちなみに、信長は鷹狩りが無駄だと判断したら、それを抑制することもした。

公記首巻に、丹波国の穴太《あのう》郡長谷城を守る赤沢加賀守にまつわるエピソードがある。

【ケース4　公記　首巻　年代不詳】

赤沢加賀守は鷹好きで有名であった。好きがこうじて、関東まで赴き鷹を二羽求めた。そして、帰郷の途中に尾張へと寄る。まだ信長が尾張一国の主のころと思われる。赤沢加賀守は二羽のうちの一羽を進呈すると信長に申し出た。

その時の答えは――

「気持ちは嬉しいが、天下を掌握したおりにもらうから、それまで預けておく」

この話を、赤沢加賀守が京都ですると「尾張ごとき遠国の武士が天下を掌握とは分不相応」とみんなが笑ったという。

「しかし、それから十ヵ年もたたぬうちに、信長公はご入洛になった。その当時は思いも及ばぬことであった」

つづく公記の記述だ。

実戦を積んだ信長は、合戦のトレーニングとしての鷹狩りにメリットが見出せなくなった。後の行動を見ればわかるように鷹狩りは趣味のひとつであったが、上洛という目的達成のためには、鷹狩りという己の趣味嗜好を抑制することもできる。信長は、強い精神力の持ち主だった。

余談だが、この赤沢加賀守は内藤備前守《ないとうびぜん》の与力だという。丹波の内藤備前守といえば、旧名は松永長頼《ながより》といって、あの姦雄《かんゆう》の松永久秀の弟である。この鷹の逸話はきっと赤沢加賀守の主人の松永長頼（内藤備前守）経由で、松永久秀の耳にも入ったであろう。一体、どんな感想を持ったであろうか。

病的なまでの規律遵守

このように、信長は己を律する強さを持っている。が、それは時に病的と思うほどの強さで、己を縛ることもあったようだ。

【公記　首巻　年代不詳】

先述の僧天沢が、武田信玄に「信長公は他にご趣味はお持ちか」と聞かれたときのこと。問答のなかで、幸若舞の嗜みを訊ねられて、こう答えた。

「清州の町人で松井友閑と申すものをしばしばお召しになり、ご自身でお舞いになります。けれども、敦盛《あつもり》一番の外はお舞いになりません。『人間、五十年、化天《けてん》の内をくらぶれば、夢幻《ゆめまぼろし》のごとくなり』。この節をうたいなれた口つきで舞われます」

さらに、信長が好む小唄について聞いたところ、

「死のふは一定《いちじょう》、しのび草には何をしよぞ、一定かたりをこすよの」

という歌を披露したとのこと。幸若舞、小唄ともに意味を書くと以下になる。

【幸若舞】

「人の世界の五十年は、化天（仏教界の化楽天）の一夜にすぎない。夢幻のようなつかの

まの一生のなんと儚《はかな》いことか」

【小唄】

「死は定め、生前のたよりとして生きている間に何を成し遂げようか。それをよすがに思い出を語ってくれるであろうか」

ひとつの小唄を偏愛したり、幸若舞の一節のみを愛唱するなど、強い執着を感じさせる。自分の中でルールをつくると、それを必ず守りぬくという強迫観念があるのではないか。

前述したフロイスの信長評のなかに、

自邸においてきわめて清潔

自己のあらゆることを丹念に仕上げる

というものがある。

今まで読んできた公記の信長の人物像にこのふたつをかけあわせると、単なる綺麗好きを通り越した、病的な潔癖症、あるいは芸術家にも通じる完璧主義をイメージしてしまう。

〝芸術家にも通じる〟と書いたが、信長は自身の身だしなみや身にまとうものの美しさにも独特の美意識があった。牛一は、馬揃えや帝への参内の記事などで信長の服装などを詳細に描写している。

ちなみに、身だしなみのルールは他者にも及ぶ。公記の首巻には「お付きの者にもみな朱色の武具をつけさせる」と信長の若きころの奇癖を記している。

信長は、自分の定めたルールに囚われる傾向が強かったのではないか。

第四章　アンガーマネジメントの欠如

感情制御に難のある性格

前章では、ルールを過剰に遵守する信長の性格を見てきた。

他に、信長にはどんな特徴があるだろうか。

感情のコントロールができない、という点があげられる。ルイス・フロイスの日本史にはこう書いてある。

「彼は自らに加えられた侮辱に対しては懲罰せずにはおかなかった」

〝せずにはおかなかった〟という文からも、信長は感情をコントロールすることが困難だった様子がうかがえる。

また「激昂はするが平素はそうでもなかった」という日本史の記述もある。

これを逆にすれば、

「平素は冷静だったが、感情コントロールができないほど激昂することがあった」

ということだ。

激昂する頻度までは書かれていないが、外国人のルイス・フロイスが特記するほどの回数なので、かなり頻繁にあったのではないか。

信長が感情コントロールをできないと判断されるケースはどのくらいあるだろうか。

義昭と信盛への譴責状

信長の特徴として、ミスを犯した者に恐ろしくねちっこい書状を送りつけて譴責するというものがある。文章での攻撃は微に入り細を穿つという表現がぴったりだ。

いくつか実例を見てみよう。

【ケース1　公記　巻六　天正元年】
天正元年の巻六に、将軍足利義昭を責める書状の文章が記載されている。十七条もの譴責状だ。簡単に列記してみる。

01　義昭の朝廷参内の不履行
02　信長への報告なしに諸国へ指示書発行
03　忠義者への恩賞の少なさと新参者への過剰な恩給
04　信長普請の将軍館にあった宝物を他所へ移し、信長義昭不和の噂を裏付けた
05　寺社費用と年貢の徴収の不公平さ
06　信長配下の者へつらくあたる
07　将軍奉公の者への不知行、是正を求めた信長を無視
08　若狭国代官の訴えを信長が取りなしたが無視
09　不慮の喧嘩で死亡した男の遺品を女房から没収した
10　改元を信長が提言したのに無視
11　義昭が勘当《かんどう》した烏丸光康《からすまるみつやす》の処分について
12　他国から献上の金銀を着服
13　光秀が集めた地子銭《じしせん》を義昭が無断で没収

14　城の兵糧を金銀に交換
15　道理にあわぬ家臣の税取立に加担
16　幕臣が武器兵糧でなく金銀を蓄えるのは、義昭が利殖に走っているのが原因
17　民たちの間では義昭が欲深な心を持つと評判

とにかく信長の指摘はねちっこい。そして、幾度も言葉で義昭を攻撃する。

03「世間の評判もよろしくありません」
04「信長の今までの辛労も無駄になってしまいます」
06「迷惑に思います」
07「あまりにひどい（義昭の）なさりようで、わたくし（信長）の面目もたたない」
09「欲得の心によるものと世間では思うでしょう」
10「少しの費用も出し惜しみなさって」
11「賄賂で罪をお見逃しになるなどということは、外聞がよろしくございません」
12「金銀を少しも役立てられないのは何のためでございましょうか」

14「将軍家がご商売なさるなど今までに聞いたことがございません」
15「世間の人たちの批判をあび、口では言い表せないぐらいです」
16「人の上に立つ者がひとりつつしむのは当たり前のことです」
17「百姓にいたるまで、上様を悪御所と呼んでいます」

このように言いたい放題だ。義昭を様々な表現を使って守銭奴と罵っている。最後の十七条目の悪御所とは、第六代将軍の足利義教《よしのり》のことだ。恐怖政治をしき守護たちを弾圧し、悪御所と呼ばれた。最後は、宴会に呼ばれた席で守護大名に暗殺される。義昭を悪御所ということで、暗に信長や他の家臣による暗殺を示唆しているようにも読めなくはない。少なからず脅迫する意図はあっただろう。

一読した印象は、戦略的な譴責状というより、ただ感情がたかぶり噴き出すままに不満をぶつけたという印象だ。

【ケース2　公記　巻十三　天正八年】

他にも巻十三の天正八年、大坂本願寺攻めに功績のなかった佐久間信盛に譴責状を送っている。こちらは十九ヶ条だ。

01 包囲五年間で佐久間父子によい武勲がひとつもない
02 持久戦に固執し続けた浅慮
03 光秀、秀吉、池田恒興らの働きとの比較
04 勝家の働きとの比較
05 信長への報告相談が五年間一度もない
06 信盛与力が出した書状に武功の少なさを隠蔽する意思あり
07 七ヶ国の与力をつけていながら武功なし
08 処刑した水野家の領地を与えながら家臣を登用しない
09 山崎を治めさせた時に、その地の家臣を追放
10 代々の家臣への加増もなし
11 天正元年の朝倉攻めで意見するだけでなく座敷をけって退出した
12 信盛の子(信栄《のぶひで》)の心構えがよくない
13 欲が深い、気難しい、人材登用を怠る、浅慮で物事を采配する

14 自分が戦うのではなく、与力（信長直臣）を戦わせ損害を負わせる
15 与力や部下の口を封じ、信長へ報告させなかった
16 三十年の奉公の間、信盛の働きは皆無
17 三方ヶ原合戦で与力は死なせたが、信盛の身内は戦死していない卑怯な戦い方
18 どこかの敵を平らげ帰参するか、敵と戦い討ち死にしろ
19 剃髪して父子ともに高野山へ住み許しを乞え

簡単な羅列だけでも、信長のパワーハラスメントが炸裂している。武功の少なさや軍団運営の不備への攻撃だけでなく、その人格（12、13）にも罵詈雑言を浴びせている。「欲が深い、気難しい、人材登用を怠る、浅慮で物事を采配」など、よくもまあこうも文句が思いつくものだ。譴責状というよりも、人格否定状ともいうべきか。将軍義昭への譴責にも人格否定の文は散見されたが、こちらはさらに攻撃性が鋭くなっている。

10「けちくさく貯め込むことばかりを本意とするから、天下の面目を失うのだ。このことは唐土、高麗、南蛮の国まで明らかなことだ」

11「その卑怯な行為は前代未聞である」
13「父子ともに武士の道に欠けている」
14「所領のあがりを無駄にして、卑怯な真似をしている」
15「自分が訳知りであるかのように吹聴し、優しいふりをして実際には綿の中に針を隠し持っている」
17「そのうえ平手《ひらて》汎秀《ひろひで》を見捨てて死なせ、平気な顔をしている」

詳細に見てみると、一文だけでも卒倒してしまいそうな文句だ。もし感情をコントロールできていれば、信長はさすがにこんな内容を送らなかったのではないか。後述するが、この時、信長は信盛を追放するまでは思っていなかったと思われる。譴責状の最後には、「償《つぐな》いに終わりの二ヶ条（18か19）を実行してみろ」と書いてある。

信長としては、18の行動をとることを期待していたのではないか。具体的に18の文面を見てみる。

「どこかの敵を平らげ、会稽《かいけい》の恥をそそいでもう一度帰参するか、または敵と戦って討ち死するしかあるまい」

信長が欲したのは、「会稽の恥をそそぎもう一度帰参する」の方だろう。が、信盛は19を選択した。剃髪し、高野山へと上ったのだ。

家臣に向けられる信長の怒り

織田家にとって、信長の感情の不制御は由々しき問題だった。信盛だけでなく、信長の譴責を受けて出奔する家臣、あるいはそんな信長を見限る家臣がかなりの数存在したのだ。たとえば巻十一の天正六年の二月三日付けの記事にこうある。

「磯野丹波守（員昌）が信長公の意に背いたため、強くご叱責されたところ、出奔してしまった」

これだけ見れば、叱られたくらいで出奔する磯野員昌がどうかと思ってしまう。

が、今までの二通の譴責状を見れば、信長の〝強くご叱責〟がどのくらい磯野員昌のプライドを傷つけたかがわかる。

ちなみに員昌は、元浅井家の武将で姉川合戦で織田勢を最も苦しめた豪傑だ。織田家に降伏後も活躍しており、信長暗殺未遂事件を起こした杉谷善住坊を捕縛している。信長への貢献度は、決して低いわけではない。

信長が、感情をコントロールできなくなったケースを他にも見てみよう。

【ケース3　公記　巻十一　天正六年】

一月二十九日、安土に住む弓衆（信長親衛隊の一隊）の屋敷から失火が起きた。聞けば、妻子を尾張に住まわせたままだという。妻子不在による失火と断定した信長はすぐに行動を開始し、馬廻衆弓衆で家族を安土に住まわせていない者を調べた。すると、弓衆で六十人、馬廻衆で六十人もの者が妻子を尾張においたままだと判明する。これに信長は激怒した。

あろうことか、尾張の弓衆らの館に火を放ったのだ。それだけでなく、庭の竹木までも伐り倒したという。百二十人の家族はわずかな持ち物を持っただけで、安土へと無理やりに移住させられた。

弓衆らの過失は明らかだが、屋敷に火をつけるまではさすがにやりすぎだろう。もちろん一罰百戒の効果を狙った意図はわかるのだが、アンガーマネジメントに著しく欠けていたように思えてならない。


【ケース4　公記　巻五　追放年代不詳】

長谷川橋介《はせがわきようすけ》、佐脇良之《さわきよしゆき》、山口飛騨守《やまぐちひだ》、加藤弥三郎《かとうやさぶろう》の四人は、桶狭間合戦で活躍した勇士である。

具体的には、桶狭間のおりに信長は義元本陣への急襲を決意する。清洲城を飛び出し、軍勢集結地の熱田へと向かった。その際、同行していたのは先にあげた四人と岩室重休（永禄四年に戦死）だけであった。信長含めた主従六騎だけで、熱田へと到着する。

このように信長の一世一代の大勝負に随行するほどの四人だったが、信長から勘当を受けてしまう。詳細、追放年ともに不明だ。

四人は家康のもとに身をよせ、三方ヶ原合戦で名誉の戦死を遂げた。

信長股肱の四人でさえも勘当を受けるのだ。原因は、信長の感情不制御にあるとした方が自然であろう。

【ケース5　公記　巻五　追放年代不詳】

他にも、滝川彦右衛門という信長のそば近くに仕える武者も勘当を受けた。年代不明だが、小谷城を攻めた時に大指物をしていたのに大した活躍がなかった。それに怒った信長が勘当を命じる。

ただ幸運なことに、滝川彦右衛門は陣中にいることは許された。そのまま江北の虎御前山の砦に在陣し、元亀三年十一月の戦いで見事な働きをみせて、信長への再出仕がかなった。

他にも、前田利家や川崎金右衛門《かわさききんえもん》、平野甚右衛門など、信長の不興をかったり叱責を受けたりして出奔したり、勘当されたりした武者は多い。そのすべてが信長の感情コントロールの失敗ゆえとは思わないが、かなりの割合があるのではないか。

他にも首巻では、信長が平手政秀《まさひで》の息子の持っていた駿馬を所望したが断られたことがあった。

「信長公はこれを深くお恨みになり、たびたびこのことを思いだされては不快になり、しだいに主従の間は不和となった」

いかに若き頃とはいえ、あまりにも信長が大人気ない。そして、この主従の確執は、結果的に平手政秀の切腹という形で決着する。政秀が信長の不行状に悲観しての切腹と公記は記している。

【ケース6　日本史　天正十年】

ルイス・フロイスの日本史のなかの有名な一節である。武田家を滅ぼし、信長は家康を安土で饗応することになった。その役目に選ばれたのは、公記にもあるように明智光秀である。

「三河の国主（家康）と甲斐国の主将（穴山梅雪）たちのために饗宴を催すことを決め、その盛大な招宴の接待役を彼（光秀）に下命した。

これらの催しの準備について、信長はある密室において明智と語っていた。元来、逆上しやすく、自らの命令に対して反対意見を言われることに耐えられない性質であったので、人々が語るところによれば、彼の好みにあわぬ要件で、明智が言葉を返すと、信長は立ち上がり、怒りをこめ一度か二度、明智を足蹴にしたということである」

ルイス・フロイスは、この出来事が光秀に謀反を決意させた原因のひとつではないかとしている。

このエピソード自体の信憑性は疑問がある。だが、「元来、逆上しやすく、自らの命令に対して反対意見を言われることに耐えられない性質」と表現された信長の特性は信じて間違いないだろう。

また、たとえこれがルイス・フロイスの創作したエピソードであっても、逆上しやすく、感情をコントロールできないという信長の性格を同時代の人々が共有しているからこそ、こんな創作をしたのだろう。

もし、信長が十分に感情をコントロールできる人間として同時代の人々に認識されているならば、こんなエピソードは創作しないはずだ。

第五章　佐久間信盛という人物

大坂本願寺炎上

信長の行き過ぎた完璧主義や規律主義、アンガーマネジメントの欠如などについて、今まで見てきたが、ここで一旦、別のことに言及したい。

天正八年（一五八〇）八月二日、大坂本願寺の城が失火により〝一宇も残さず〟焼亡した時、信長はどんなことを思っただろうか。

推察および妄想してみる。

無論のこと、烈火の如く怒ったはずだ。

後に、大坂本願寺の焼け跡に羽柴秀吉は大坂城を建てる。天下統一を成し遂げるためには、かくべからざる要地だ。その城が、すべて焼けてしまったのだ。

アンガーマネジメントが欠如した信長は、怒りを制御できなかっただろう。誰かに感情をぶつけたはずだ。大坂本願寺を五年間包囲しながら、目に見える働きをしなかった佐久間信盛が標的になった。

感情のおもむくままに、信長は筆をとる。そして十九ヶ条もの譴責状を作成する。

別に珍しいことではない。

過去には将軍義昭へも送ったし、出奔し姿をくらませた磯野員昌にも送った気配がある。信長の次男の信雄が無断で伊賀に侵攻し敗北した時も、文書で叱責したとある。

信長は信盛に対して書面で難詰するだけでなく、譴責状の最後に〝敵を倒し汚名返上する〟か〝織田家を去り高野山で蟄居《ちっきょ》する〟か、どちらかを選べと迫った。

汚名返上か追放蟄居。

信長は、信盛がどちらの選択肢を選ぶと予想していただろうか。彼は本当に、信盛を追放するつもりだったのだろうか。

答えは否である。

激怒しつつも、信長は信盛を追放するつもりまではなかった。

強烈な叱責を受けたことをモチベーションに変えさせ、さらなる発奮を促す意図があったはずだ。実際にそういうケースが織田家には多くある。

叱責で奮起した秀吉と利家

【ケース1　公記　巻十　天正五年】

羽柴秀吉が、信長から処刑されてもおかしくない大失態を犯した。天正五年八月八日、柴田勝家が加賀に向けて出陣した時だ。これに与力としてつけられたのが、羽柴秀吉である。しかし、秀吉は勝家と陣中で大喧嘩し、無断で戦線離脱する。

「ふらちであると信長公は大いに激怒された」

公記の記載は素っ気ないが、役目を放棄したのだから、信長の怒りは大きかった。戦線離脱は死罪でもおかしくない。が、秀吉は幸運だった。それから十日もしない八月十七日、松永久秀が謀反を企てたのだ。急遽、秀吉は久秀攻めに加わる。そして総大将の織田信忠の命令で諸将とともに夜討ちをかけるなどして、久秀掃討に大きな功績をあげた。

だが、それだけではまだ罪を帳消しにできない。十月二十三日には、秀吉は播磨へと出陣する。同地で昼夜休まず働きまわり、播磨の諸侯から人質を徴集した。つまり播磨国の過半を織田家に従属させたことになる。

十一月十日ごろには播磨を平定できると、強気の報告を信長に送っている。信長はこの働きに満足し、「播磨を平定すれば帰国してもよい」と朱印つきの手紙で労をねぎらったという。しかし、秀吉は殊勝だ。

「これくらいの働きでは加賀での失敗を補えない」

このように秀吉が発奮した様子が、公記には記されている。

播磨を平定後、秀吉はただちに但馬国へと兵をいれ、そして竹田城を攻めおとし、弟の小一郎を城代としていれた。

「加賀での失敗を補えない」と公記にあるように、秀吉は信長からの勘気を解くために懸命に働いたのだ。

【ケース2　公記　巻十二　天正七年】

またしても秀吉のケースだ。中国で戦う秀吉が、安土の信長のもとに吉報をたずさえてきた。備前の宇喜多直家が降伏したのだ。九月四日のことである。

「宇喜多が降参してきましたので、それを許すご朱印をください」

だが、信長は激怒した。

「自分への伺いもたてずに、先に談合して決定したのはけしからぬ」

あろうことか、宇喜多直家の降参を許さず、秀吉を追い返してしまった。

感情をコントロールできない信長の様子がありありと浮かぶ。勘当（追放）ほど厳しい罰は下されなかったが、手柄を認められずに追い返されるのだから、秀吉の屈辱は相当なものであったろう。

そんな秀吉はどうしたか。

ますます発奮したのである。信長に叱責されてからわずか六日後、秀吉は大きな戦果をあげる。播磨三木方面で、多数の敵を討ち取ったのだ。

「先頃、安土まできた羽柴秀吉を追い返したことが、秀吉を無念に思わせ、そのために秀吉は合戦に励み、勝利を得た」

このように、公記では信長の叱責を秀吉がモチベーションに変え、手柄につながったことが強調されている。

【ケース3　公記　首巻　年代不詳】

若き頃の前田利家の有名な逸話も紹介する。彼が大切にしている笄と小柄《こうがい》（どちらも刀の付属品）を、信長の寵愛が深い拾阿弥という男が盗んだ。これに激怒した前田利家は、拾阿弥を斬殺する。

無論のこと信長は怒り、前田利家を勘当する。追放された利家だが、帰参を諦めていなかった。その後も信長の戦いに参加し続ける。

永禄三年（一五六〇）五月、桶狭間の合戦において、利家は今川方の兜首を合計三級もとった。

が、それでもまだ信長の勘気はとけない。さらに永禄四年の美濃斎藤氏との森部の戦いでは、首取り足立こと足立六兵衛という豪傑を含めて首二級を獲得。これにより、やっと織田家への帰参が許された。

利家のようなケースは多かったのではないか。前章で紹介した滝川彦右衛門もそうだ。戦場での働きが悪いために信長の怒りをかい、織田家を追放される。が、勘当後も織田軍に残り、朝倉浅井との戦いで大きな手柄をたてて再仕官がかなった。

織田家を追放された家臣

こうしてみると、信長の怒りは家臣たちのさらなる発奮を促す効果があった。信長は自分の感情をコントロールできない欠点を、部下を発奮させる武器に変えたのかもしれない。

もちろん、信長の怒りを解くのはたやすい道ではない。

三方ヶ原の合戦で戦死した、長谷川橋介、佐脇良之、山口飛騨守、加藤弥三郎の四人のように、帰参が叶わず戦場に骸をさらす者も多くいただろう。

前田利家や滝川彦右衛門のように帰参できた者はまれだ。苛烈な信長の性格を嫌ってか、敵方に身を投じる者も多い。

いくつか例をあげる。

【ケース1　『武家事紀』】

黒母衣衆にも選ばれた伊東武兵衛は、織田家を出奔した。理由は、同僚を斬殺し信長の怒りをかったからだ。このへんは前田利家とそっくりである。きっと同じような罪で、主家を放逐された武士は当時多かったのだろう。

織田家を離れた伊東武兵衛が再仕官先に選んだのは、敵である今川家だった。最初は武田家への仕官を目指していたらしいが、途中でどういうわけか今川氏真に仕えた。史料によると、今川家でも一悶着を起こしたようだが、飛び出すまではいかなかった。

そうするうちに今川家と武田家の同盟が破棄され、信玄が今川領に攻め込んだのが永禄十一年。徳川家康も信玄と同調して、今川領へと攻めいる。伊東武兵衛は、これに対抗するため戦場にでた。翌年の一月二十一日、掛川天王山の戦いで徳川軍とぶつかり、伊東武兵衛は徳川家の椋原《むくはら》次右衛門という武者に討ち取られている。

【ケース2、3　『武家事紀』】

平野甚右衛門と川崎金右衛門は、馬廻衆の中でも相当な実力者だった。残された同僚たちの評価では、一番が平野甚右衛門で、二番が川崎金右衛門とある。ちなみに三番は、後に大名に出世する前田利家と佐々成政の両名が入っている。

織田軍にあって武勇抜群の両名だが、欠点もあった。それは度重なる軍令違反だ。「厳命を背くの罪によって（中略）改易《かいえき》せらる」と『武家事紀』にある。「魁《さきがけ》と殿《しんがり》を任せられる勇士」と書いてあるので、命令を無視して敵と戦うことが度々だったのだろう。

どちらもかつては信長に愛された武士だった。平野は尾張国の津島出身で、志願して信長の部下になったとある。背が低い彼は「津島小法師」とも「ちょっぽり（ちょっぴりの意味）甚右衛門」とも呼ばれていた。筑紫《ちくし》国出身の川崎は「筑紫川崎」と信長から渾名《あだな》をつけられたという。彼も志願して信長の部下となったとある。信長とふたりは、当初は相思相愛の仲だった。

だが蜜月は長く続かない。ルール厳守が絶対な信長の怒りをかい、織田家を勘当となった。

信長の叱責がよほどきつかったようだ。織田家の他の武将の下につくという選択肢もあった。実際に、二人の武勇を惜しんだ織田信忠が取り立てようとしたが、平野と川崎は拒否する。よほど、信長に愛想を尽かしたのだろう。平野は、信長の宿敵である加賀国の一向一揆に身を投じる。織田家によって一向一揆が平定された後は、越後国の上杉家に身を寄せた。とことん信長に逆らう道を選んだ印象だ。

川崎金右衛門の出奔後の詳細は不明だが、当時は一般的だった同性愛（衆道）のもつれで殺されてしまったという。彼らほどの実力があれば、前田利家や秀吉のように再び戦功をあげて織田家に復帰するのも難しくなかったであろう。平野や川崎に信忠から救いの手が差し伸べられているので、信長の真意は追放することで発奮や自省を促すことにあったかもしれない。だが、伊東、平野、川崎の三人はその道を選ばなかった。

全ての人間が、秀吉や利家のように信長のパワーハラスメントに耐えられるわけではない。そういう意味では、彼らも現代に生きる私たちと似ている。

信盛追放の真意

天正八年の信盛に対しても、信長は本当に永久追放しようという肚ではなかったであろう。もし、追放する気ならば、汚名返上か追放蟄居の二択を選ばせたりはしない。でないと汚名返上の道を選ばれたら、信盛を追放するのが難しくなるからだ。

追放する気がなかったからこそ、選択肢を与えた。羽柴秀吉や滝川彦右衛門、前田利家のように、死に物狂いで働かせる気だったのだ。

確かに、磯野員昌のように叱責が原因で出奔した大将もいる。が、員昌は外様だ。信長の敵である浅井長政を裏切った。味方になったとはいえ、織田家では肩身の狭い思いをしただろう。磯野員昌は信長の甥の織田信澄《のぶずみ》を養子に迎えいれている。信長の苛烈な叱責に耐え神経をすり減らし手柄をたて身代を大きくしても、自分の息子ではなく織田信澄に所領のほとんどを継承されてしまう恐れがあった。

磯野員昌の出奔には、うなずける点がいくつもある。ある意味で、合理的な判断だ。だが、佐久間信盛は員昌とはちがう。彼が追放を受け入れることで、路頭に迷う家族や家臣たちが大勢いるのだ。汚名返上の道を選べば、ストレスフルな毎日を送らねばならないだろうが、所領はほぼそのまま息子に受け継がれる。が、追放されてしまえば、息子や家族に残す財産は無になってしまう。

まさか、信長も信盛ほどの地位のある男が追放蟄居を受け入れるはずがないとたかを括っていたのではないか。

なお、佐久間信盛の追放は、尾張美濃の両国支配を織田信忠に統一するためという説がある。

尾張美濃は、信長直属の家臣（信盛ら）と信忠直属の家臣の領地が入り乱れていたのだ。

実際に信盛追放後に、林秀貞、安藤守就、丹羽氏勝も追放されるが、三人は尾張美濃に大きな所領を持っていた。

なるほどと思う説だが、信忠の尾張美濃支配を確立させる意図を持った信盛への譴責状ならば、最後に汚名返上か追放の二択を迫るのは理屈にあわないのではないか。

普通に考えれば、信盛は汚名返上を選ぶはずだ。一族や息子の将来を思えば当然だろう。信盛が汚名返上を選択すれば、信盛の所領はそのままで、尾張美濃の所領を信忠に統一することができなくなる。

また、たとえ佐久間信盛、林秀貞、安藤守就、丹羽氏勝を追放しても、信忠による尾張美濃の支配は不十分だ。なぜなら、美濃にはまだ稲葉良通などの信長直属の有力家臣が残っている。信盛や林秀貞らの追放から信長の死まで二年もの間、彼らの所領に手をつけた形跡がないのも不思議だ。信忠の尾張美濃支配を確立させるためならば、彼らを追放なり移封なり、あるいは信忠への所属変更などをせねば合理的でないような気がする。

確かに、信盛と林秀貞ら三人を追放することで、信忠の尾張美濃の両国支配は強固になったが、それは追放劇の余禄にすぎないのではないか。

佐久間信盛の経歴

次に、佐久間信盛が信長にとってどんな人物だったかを見ていきたい。

信長の譴責状に「三十年も奉公」とあるように、古参の武者である。

公記での初出は、弘治元年（一五五五）頃。信長が二十二歳のころのことだ。信長の叔父に織田信次《のぶつぐ》という男がいたが、彼の家臣が事件を起こす。不注意で、信長の弟を射殺してしまったのだ。これに信次は恐怖した。信次は守山城《もりやま》という尾張の重要拠点を守る大将だったが、報復を恐れて出奔してしまう。

急遽、空きができた守山城主に誰を任命するかが問題になった。その時、信長に進言したのが佐久間信盛だ。信長の異母弟の織田信時をいれることを提案し、それが受け入れられた。

これを見ると、かなり初期の頃から信長の信頼が厚かったことがわかる。

『佐久間軍記』によると信長と弟の信勝が険悪になった時、信盛ら佐久間一族が信長を助けたと記されている。

だが、信長の父織田信秀《のぶひで》が病没した時は、ちがったようだ。佐久間一族である信盛と盛重は織田信勝に従ったと書いてある。

信長側家老
林秀貞、平手政秀など
信勝側家老
柴田勝家、佐久間盛重、佐久間信盛など

これが、信秀病死の天文二十一年（一五五二）時点の織田家の勢力図だ（死亡時期諸説あり）。信長信勝の兄弟が争った弘治二年（一五五六）になるとこう変わる。

信長
佐久間盛重、佐久間信盛
信勝
柴田勝家、林秀貞

平手政秀はすでに切腹しており、名前が消える。信勝についた柴田勝家だけが不変で、後は陣営を入れ替えてしまっている。そして、兄弟相克の稲生《いのう》の戦いへと突入する。

この戦いで、信盛がどんな活躍をしたかは不明だ。かわりに佐久間一族の長老ともいうべき盛重が大活躍している。『佐久間軍記』によると、盛重は大剛の者として有名で、目と鼻の間に暗殺者に襲われた大きな傷がある豪傑だという。稲生の戦いでは、名塚という信長方の最前線の砦を守り、信勝方の橋本十蔵という武者を討ちとっている。

盛重と信盛は同じ佐久間一族だが、どんな間柄かはわかっていない。

そして佐久間一族は、桶狭間の合戦を迎える。盛重と信盛は、ともに重要な砦の守備を任された。盛重は丸根《まるね》砦、信盛は善照寺《ぜんしょうじ》砦、どちらも今川方の鳴海《なるみ》城を囲む要所だ。この戦で、盛重は今川軍の先鋒である徳川家康の攻めを受けて討ち死にする。大薙刀をふるう凄まじい戦いぶりだったと『佐久間軍記』は彼の最期を書いている。

一方の信盛は、善照寺砦を死守していたようだ。

桶狭間以後、信盛は佐久間一族の長となる。

よく紹介されるのが「退き佐久間」という渾名だ。退却時の殿の戦が上手だったという。

が、公記を見る限り、佐久間信盛が退却戦で活躍した記事はない。あえてあげるとすれば、三方ヶ原の合戦ぐらいか。武田軍相手にほとんど損害を出すことなく撤退したのは、あるいは退却戦の上手さゆえかもしれない。

織田家では、撤退時は柴田勝家や羽柴秀吉らが活躍している。信長に重く用いられたわりには、戦場での個性が見えにくい武将だ。

とはいえ、織田信長の主要な合戦にはほぼ参加している。不参加と思しき合戦は、元亀元年（一五七〇）の越前朝倉家討伐戦ぐらいか（この合戦で、信長は浅井長政に裏切られ窮地に陥る）。

そして、塙直政が天正四年に大坂本願寺との戦で討ち取られてからは、その地位を引き継ぐ形で織田家最大の軍団長として大坂に在陣した。信長が安土城築城中の仮住まいを信盛の館としたことからもわかるように、信頼の厚さは他に比肩するものがなかった。

信長に意見する信盛

そんな信盛の特徴をひとつあげるならば、信長に対して「ノー」をつきつけられる男ということだ。

「彼はわずかしか、またはほとんどまったく家臣の忠言に従わず、一同から極めて畏怖されていた」

ルイス・フロイスがこう書いているように、信長は絶対君主として君臨した。普通なら口答えなどできない。だが、信盛はちがった。

天正元年、北近江で朝倉浅井連合軍と対峙した時である。一章でも言及しているが、信長は朝倉勢に隙ができると断言した。それを逃さぬよう諸将に通達する。が、肝心の部下たちは動かなかった。信長は自身の手勢のみで朝倉勢に襲いかかり、これを退却せしめる。あわてて信長のもとにやってきた諸将を、信長は激しく叱責した。つい先刻まで敵と戦いアドレナリンが全開になった信長は、凄まじい剣幕だったろう。

その部分を公記で見てみる。

「地蔵山を越したところで（諸将が）追いつき、（信長に）お目にかかると『何度も言い含めておいたのに、様子を伺い躊躇《ためら》っていたのは汝《なんじ》らの失態、許しがたい』ときめつけられた。

『信長公に先をこされ面目もございません』と、滝川、柴田、丹羽、蜂屋《はちや》、羽柴、稲葉をはじめとして、諸将は謹んでお詫びを申し上げた。

佐久間右衛門尉（信盛）だけは涙を流し、

『そのようにおっしゃられるが、われわれほどのすぐれた家臣をお持ちになるのはめったにあるまいものを』

そう、うぬぼれて言ってのけた。

このときの信長公のご立腹は一通りではなかった。

『その方は男として才知が優れていることを自慢しているのか。何をもってそう言えるのか。片腹痛い言いようである』

そう言われて、大層機嫌が悪かった」

信長の怒気が伝わるかのようだ。そして、その信長に対して涙ながらに反論する信盛のキャラクターもまた興味深い。涙を流したのは、プライドの高さゆえだろうか。

信長は余程、腹に据えかねたのか、天正八年の譴責状でもこのことに言及している。前章の「天正元年の朝倉攻めで意見するだけでなく座敷をけって退出した」の部分である。

公記の譴責状の記述を詳しく見てみる。

「先年、朝倉勢を打ち破った時、戦機を逃したことを『けしからぬ』と余が申したところ、恐縮するどころか、自分の正当性を吹聴し、あまつさえ座敷を蹴って出た」

この描写が本当ならば、かなり丁々発止のやりとりがあったのではないか。「座敷を蹴って出た」とは穏やかではない。十九ヶ条の譴責をのべた後、信長の書状はこう結ばれている。

「そもそも天下を支配している信長に対して口答えをする者どもは、天正元年の信盛から始まったのであるから、その償いに終わりの二ヶ条を実行してみよ」

気になるのは、

「信長に対して口答えをする者どもは、天正元年の信盛から始まった」

という一文だ。

朝倉浅井攻めで信盛が口答えしてから、それに応じる者が何名か出てきたということだろう。公記を見ると、家臣たちが信長に反対意見を述べる描写は少ない。調べてみると、五つほどだろうか。

一、桶狭間で出撃する信長に家臣たちが反対する場面。反対というより命惜しさの行動だろう。

二、天正元年の朝倉攻めでの信盛の言葉。すでに述べているので、詳細は省く。

三、天正四年、大坂本願寺に攻められて天王寺砦が包囲された場面。駆けつけた信長は、寡兵で何倍もの敵を攻めることを決意。その際、荒木村重に先陣第一陣を申し付けた。が、村重はこれを拒否する。

「木津方面を守備する」と、もっともらしい言い訳をして戦いに参加しなかった。公記の記載では、どうも村重はこの頃から本願寺側に傾きつつあったようだ。この二年後、荒木村重は信長を裏切り、大坂本願寺側につく。
ちなみに、この時、先陣第一陣を受け持ったのが佐久間信盛だ。

四、三と同じ戦場でのこと。一揆に包囲された天王寺砦に、信長は被弾しつつも戦い抜き入城した。信長は、さらにもう一戦に及ぼうとした。この時、家老衆が味方の少なさを理由に反対したが、信長は聞き入れずに開戦し、見事に敵を打ち破っている。公記には家老衆とあるだけだが、この時、前述したように信盛も先鋒として加わっていたので、彼が筆頭となって反対したのだろう。

五、天正六年五月、京にいる信長のもとに毛利家の主力が出陣するとの一報が届く。これを聞いた信長は、好機を逃さぬとばかりに、自ら最前線まで軍を移動させると言った。これに、佐久間、滝川、蜂屋、惟任、惟住の諸将が反対したという。先頭には、やはり佐久間信盛の名前がある。信盛が中心となって皆の意見をまとめたのではないか。だからこそ、譴責状にある「信長に対して口答えをする者どもは、天正元年の信盛から始まった」という文章につながるのだ。

宣教師の信盛像

ルイス・フロイスの日本史にも、信盛が信長に反対を唱えた記録がある。

『織田信長家臣人名辞典』によると天正五年頃の事件だ。松永久秀が大坂本願寺攻めから離脱し、叛旗を翻した年である。佐久間信盛の与力で、河内国に所領を持つ三箇《さんが》頼照《よりてる》という男がいた。キリシタンだった彼を快く思わない味方が、信長に「毛利と内通している」と讒言したのだ。これに信長は激怒。三箇頼照とその息子の処刑を、寄親である佐久間信盛に命令する。

「佐久間殿は三箇（頼照）殿とその息子との長期にわたる交際から、彼ら一家に罪がないことを確信していた」

とは日本史の記述だ。信盛は三箇頼照の息子を連れて、信長の前に陳情に訪れたという。軍団長自らが、信長のもとに与力の助命に赴いたのだ。異例のことである。その理由に関しては、「信長の命令に反して、書状でもって異議を唱えることは、安全でも適切でもないので、面前において報告することを決心した」と日本史にある。

苛烈な性格の信長を翻意させるには、自ら出向いて対話するしか手段がないと信盛は知っていたのだ。以下は日本史における、対面した信長と信盛の様子を抜粋したものだ。

彼（信盛）が来たことに大いに不興の意を示し、彼に（信長は）大いなる怒りと厳しい表情を見せた。

「不束者《ふつつかもの》めが、余がこの若者を殺すように命じたるに、何ゆえに伴い来たか」

佐久間殿は大いなる不安と恐怖がないわけではなかったが、再び発言し、

「殿（信長）はまず、彼とこの反逆に係りあった数名の者について、詳しく取り調べ給うべきだと存じます」

信長の怒りと、信盛の恐懼《きょうく》する様子が手に取るようにわかる。そして、信盛の至誠は通じた。信長は信盛のいうことも一理あると判断し、部下に三箇頼照の息子を尋問させたのだ。報告を聞いた信長は、三箇頼照の息子の無罪を認め、彼を加増の上、帰したという。

だが、完全な無罪を勝ち取ったわけではなかった。信長は息子を無罪とするかわりに、父の三箇頼照を信盛支配下の近江国永原に追放することを命じる。

蛇足だが、三箇頼照のその後を書くと、本能寺の変で彼は明智光秀に属したという。や

はり、信長に殺されかけた恨みは大きかったのだろうか。あるいは信盛追放後に、明智の旗下に組み込まれていて止むを得ずだったのかもしれない。

さて、日本史には過剰な演出や信憑性に疑問がある記事なども少なくないという。キリシタンだった高山右近の事績などは特に潤色が濃いそうだ。この話は、どれだけ信用できるだろうか。信長に諫言した信盛を称賛する内容ともとれないことはないが、信盛はキリシタンではない。「彼は異教徒ではあったが、本性善良で高潔な人物であった」と記述されている。信長が三箇頼照の息子に加増したという点は怪しいが、概ね信じてよい記事だと思う。

信長に諫言するのに使者任せにせず、信盛が自ら出向いたという記述からも、信長と信盛との間に特別な信頼関係があったことを窺わせる。

信盛の犯した罪とは何か

織田軍団での佐久間信盛の最大の特徴は「信長に対してノーがいえる男」ということだ。

信長は超優秀なイエスマンに囲まれるなかで、信盛だけは特異な存在だった。兄弟の確執が表面化した時からの忠誠、桶狭間での佐久間一族の奮闘などから、飛び抜けて高い信頼を寄せていた。だから、反対意見をいわれても重用しつづけた。

『寛永諸家系図伝』という史料にある信盛の没年齢五十五歳から逆算すると、信長よりも六つ年長だ。あるいは、信長にとっては兄貴的な立ち位置だったのかもしれない。兄のような気安さだからこそ、安土城築城中は信盛の館に泊まったし、反対意見をいわれてもなお重用しつづけた。

が、大坂本願寺での包囲戦は、かんばしくない戦果しか残せなかった。どころか、将来日本有数の商都になる大坂を灰燼に帰させてしまう。

これが信長の逆鱗に触れた。

ここで、佐久間信盛の罪は何かを考えてみる。

十九ヶ条の譴責状には、様々なことが書かれている。

一番大きな罪は〝大坂本願寺攻めで怠慢があった〟だ。十九ヶ条のうちの01～04、07、16の六つがこれにあたる。

05と06は、信長への報告の怠りで、ある意味で仕事の怠慢さを非難しているともいえる。

これも含めると、怠慢という罪が八つを数える。

08から10までは、領国経営の不誠実さを詰《なじ》っている。罪というよりも、満足する結果が出ない原因を、信長なりに追及したのだろう。

11が、朝倉攻めでの無礼な態度。

12と13が信盛と息子への人格攻撃。

14と15、17は、与力のマネジメントの不備を詰っている。これも満足いく結果がでていれば、不問になっていたはずだ。

18と19は、今後の身の振り方の提示。

こうしてみると、信盛の罪は〝怠慢な攻め〟につきる（意外だったのは、大坂本願寺を失火で喪ったことは罪としてカウントされていないことだ）。

怠慢な攻めは、多分に主観的な見方ではないか。大坂本願寺攻めには時間をとられたが、その分人的被害は最小限に抑えている——という見方もできる。軍団長不足に悩む織田軍にとって、人材のロスは致命傷になりかねない。

何より信盛が茶会などに明け暮れ戦に怠慢であったというが、そもそも信長も戦陣で鷹狩りを楽しんでいる。天正二年の長島攻めのおりは、伊達家から送られた鷹を見るために、戦線離脱さえしている。現代の感覚からいえば、どっちもどっちという気がしないでもない。

内通者を抱えた軍団運営

さらに、信盛にも同情すべき点がある。大坂本願寺攻囲中には、有力武将が敵に寝返る危機が幾度かあったからだ。

天正五年八月十七日、松永久秀が突如、天王寺砦の守備を放棄。大和国へと戻っている。大坂本願寺への包囲を維持しつつ、信盛は久秀攻めの軍にも加わらねばならなかった。

天正六年十月二十一日には、荒木村重が叛意を抱いたことが発覚する。信盛も村重の説得につとめるが決裂。先に書いたように、村重は信長の先陣命令を無視した経歴の持ち主だ。すでに、大坂本願寺と通じあっていたのだろう。

村重が挙兵した十四日後、毛利水軍が来襲。あまりにもタイミングが良すぎる。大坂本願寺と内通していた村重は、毛利水軍の動きを知っていたのだ。幸いにも鉄甲船が威力を発揮し、大坂本願寺に兵糧をいれることは阻止できた。

信盛にはつけられた与力こそ多いが、敵に内通する者が多くおり、大坂での采配も一筋縄ではいかなかったのではないか。前述した三箇頼照の事件のように、裏切りこそはしなかったが本願寺や毛利家から盛んに偽情報が送られた与力も多かったはずだ。

内通者ふたりを抱えた状態で、よくぞ五年も包囲を続けた――という評価もできるのではないか。

信盛の活躍と怠慢

弁護士になったつもりで、佐久間信盛が大坂本願寺戦で活躍した例もあげておく。

塙直政が討ち死にした天正四年、信盛は大坂の戦場を任されるが、毛利水軍が来襲。この時、まだ織田方には鉄甲船はない。織田の水軍は炎上壊滅、呼応するように大坂本願寺からも一揆勢が打ってでた。包囲する織田の付城へと激しく攻めかかる。天王寺砦にいた信盛は出撃して受けてたった。本願寺勢と戦うこと数刻（約八〜十時間）、海戦は大惨敗だったが、地上戦は信盛の活躍で大事にはいたらなかった。

とはいえ、信盛が怠けがちだったのは確かなようだ。当時の茶人の日記などを見ると、信盛親子は頻繁に茶会を行っている。

また、ルイス・フロイスも信盛の追放の一因をこう表現した。

「彼（信盛）はその性格から戦においてあまり活躍せぬばかりか、むしろいくぶん怠慢でもあったので（後略）」

合戦に対して熱心でないのは確かだったようだ。

信長は怒り、譴責状で奮起を促す。が、結果は信長の思惑とは逆になる。信盛は織田家を離れ、剃髪し高野山へと蟄居したのだ。朝倉浅井攻めの時、「座敷を蹴って退出した」とあるように、信盛はプライドの高い男だった。秀吉や前田利家のように、叱責をモチベーションに転化することができなかった。

信盛追放の影響

佐久間信盛を追放した（あるいは信盛が追放を自主的に受け入れた）ことは、信長にとっての致命傷になった。織田家は、いくつもの問題点を孕むようになる。

一つが、前述した軍団長不足である。天正十年に武田家を滅ぼした時、信長は関東八州の警護役に滝川一益を指名した。

「年をとってから遠国へ遣わすのは気の毒」と、公記に記載されているように、信長も一益の軍団長昇格に不安を持っていた。もし、信盛が健在であったなら、と信長は思っただろう。実際、信盛が織田家を去ることを惜しむ声もあったようだ。ルイス・フロイスの日本史によると——

「信長は彼が身分の高いことやその親族が有力であることを顧慮せず、また彼が将来いつかは必要とする人物であることを考えることなく、彼をその息子とともに追放してしまい、信盛は流謫《るたく》中に死去するに至った」

文中に「また彼（信盛）が将来いつかは必要とする人物である」とある。怠け癖はあるものの、追放時の天正八年時点では、軍団長としての実力は十分に保持している——そんな周囲の評価があったからこそのルイス・フロイスの記述ではないだろうか。

「信長は彼が身分の高いことやその親族が有力であることを顧慮せず」という文章からも、信長が早まった判断をしてしまったという評価が当時あったことを示唆している。

著しく下がった必罰のハードル

織田家が孕むようになった、二つめの問題へと話を移す。

信長の流儀のひとつに、三章でも示したように「信賞必罰」がある。寵愛する身内や長年つきあいのある協力スタッフでも、信長は罪を犯せば必ず罰に処した。馬借たちが荷物の重さに不公平があると訴えれば、緊急時にもかかわらず荷の重さをはかり公平であることを明示した。

仕事の怠慢だけで信盛を罰したことで、信長は今後すべての家臣を怠慢という理由だけで追放の罰に処さねばならなくなったのではないか。信長の気質として、そういう強迫観念にかられたことは十分に考えられる。

罰を公平に下すために、自ら焼けた斧をとることも厭わない信長の完璧主義が裏目にでる。

そこで、信盛の罪に今一度目を向けよう。

信盛は、信長を裏切ったわけではない。

かつての荒木村重のように、戦いを拒否したわけでもない。

意見をしたことはあるが、軍令違反とまではいえない。

前田利家のように、喧嘩の末に味方を殺めたわけでもない。

にもかかわらず信長は、三十年間一度も裏切らず、どんな無理な命令にも耐えた信盛を追放した。

今後は、信盛の罪【＝怠慢】が罰【＝追放】の基準になる。

当たり前だが、怠慢以上の罪を犯した人間には、追放以上の罰を下さねばならない。

信長の「必罰」の基準が、著しく下がったことになる。

翻って、信長の麾下を見渡す。過去に、信長を裏切った人間が大勢いるではないか。

自らに課したルールを遵守することに強迫観念を持っていた信長は、彼らを見過ごすことができなかった。

そして、信盛追放のわずか五日後に事件が起こる。

林秀貞、安藤守就父子、丹羽氏勝を追放したのだ。天正八年八月十七日のことである。

林秀貞追放の理由は、二十四年前の弘治二年（一五五六）、秀貞が信長暗殺を企てたことだ。この事件は公記の首巻にも詳しい記述がある。

信長が那古野城を訪れた際、信長と対立する信勝派だった林秀貞とその弟の林美作守は、信長を暗殺しようとした。が、これは土壇場で林秀貞が変心してしまう。信勝を裏切ることはしなかったが、信長暗殺には反対したのだ。これにより、信長は一命をとりとめた。そして、同年に起こった稲生の戦いで林兄弟は信長に敗北する。弟は信長に討たれ、兄は降伏しその家臣へと戻った。

裏切っていない信盛が追放されるならば、過去に鉾をむけた林秀貞には同じかそれ以上の罰を下さねばならない。哀しいことに秀貞は、織田家での席次こそは高いが功績はほとんどあげていない。秀吉のように罪を働きで贖ったとは到底いえなかった。信盛が「三十年間ろくな働きがない」ならば、秀貞は「三十年間働きさえしなかった」と判断してもいい。

信盛を追放した今、秀貞も追放の罰に十分に値する。これを見過ごすことは、信長には不可能なことだった。

連座した、安藤守就父子と丹羽氏勝の罪は明らかではない。公記には「信長公が窮地にたたされた時、この者たちが逆心を抱かれたから」と記されている。「信長公が窮地にたたされた時」というのは、弘治二年の林兄弟の信長暗殺未遂事件のことだ。丹羽氏勝は信秀の代から織田家に仕えているので、この企みに参加していたということだろうか。

安藤守就は斎藤道三《どうさん》の有力家臣という前歴で、信長が美濃を攻略した永禄十年（一五六七）に織田家に加入している。一見すれば、林兄弟による信長暗殺事件（弘治二年（一五五六））にからむのは不可能だ。

が、信長の舅《しゅうと》の斎藤道三の命令で、安藤守就は援軍として信長のもとに派遣されている。天文二十三年（一五五四）のことだ。あるいは、そこで林兄弟と繋がりができたのかもしれない。

斎藤道三は、息子の義龍《よしたつ》に討たれる。稲生の合戦の四ヶ月前のことだ。この時、安藤守就は義龍側についている。勝利した義龍は、信長に対抗するため信勝や織田家の一族を切り崩そうとし、その書状も残っている。実際に信長の異母兄の織田信広を、挙兵の一歩手前までそそのかすことに成功していた。

それらの調略に、安藤守就が暗躍していたのかもしれない。安藤守就は、永禄七年に親戚の竹中半兵衛《たけなかはんべえ》とともに稲葉山城を少人数で奪取するなど、知略を駆使する働きが特徴的だ。林秀貞の信長暗殺未遂に一枚噛んでいてもおかしくない。

ちなみに『当代記』という史料は、安藤守就の追放理由は武田家と内通したことだと説明している。

アンガーマネジメントが著しく欠如する信長は、大坂の城が炎上したことで激昂し、信盛を強く叱責した。結果、信盛は織田家追放を受け入れる。完全に信長の予想外のことだった。信盛のプライドの高さを完全に見誤ったのだろう。

そのせいで、規律を重んじる完璧主義の信長は、信盛にくだした罰の量定基準を他の家臣たちにも公平に適用せざるを得なくなった。

それゆえの林秀貞、安藤守就、丹羽氏勝の追放ではないか。

信盛追放劇の後日談

とはいえ、佐久間信盛追放の真相については、信長がいかなることを考えていたかの正解はわからない。書状などの手がかりから類推するしかない。

追放を命じた十二日後の信長の書状がある。そこには、ちょっと信じられないようなことが書かれていた。天正八年八月二十四日付の書状で、信長が大和国の家臣の筒井順慶《つついじゅんけい》に送ったものだ。

「信盛親子は大坂での働きが不十分だったので、会稽を雪ぐ（汚名返上の働きをする）ように命じた。人数については一人も連れていかないように言い聞かせた。信盛を追って下々の者が所属を離れると支障があるので、決して通さないよう領国中に固く命令も下した。あなた（筒井順慶）も道をよく警戒して、信盛の跡を一人も追わせないように。油断は決してしないように」

そんな内容である。

追放した老齢の佐久間信盛に、部下をつけることを禁じたのだ。まさか、親子二人とわずかな従者だけで、どこかの敵と戦えといったのだろうか。「会稽を雪ぐべき」という勇ましい言葉の裏に、残酷な信長の思考が透けて見える。

第二次大戦時の日本軍で、敵の捕虜になりながらも生還した兵士を、あえて戦死率の高い戦場に次々と投入したという逸話を聞いたことがある。「生きて虜囚《りょしゅう》の辱《はずかし》めを受けず」の東條英機の戦陣訓に違反したためだ。とはいえ虜囚になって自害しなかっただけで処刑できるほど法的論理性もないため、捕虜から生還した兵士を無慈悲にも戦死確実の戦場に放り込んだのだ。

信長の書状には、日本軍の捕虜から生還した兵士への扱いに通じる酷薄さが感じられる。

信長の真意はどこにあったのか。時系列を今一度整理する。

八月十二日　佐久間信盛に譴責状を送り、汚名返上か追放かの二者択一を迫る
八月十七日　林秀貞ら四名を追放
八月二十四日　汚名返上のために戦場に行く信盛親子に人が従わないよう順慶に命令

史実では、信盛は追放を受け入れ高野山に蟄居する。が、八月二十四日の段階では、佐久間信盛は追放ではなく、汚名返上でどこかの敵と戦い首を挙げることを選択したのだろうか。そんな父子に、多人数の随身を否定する信長の命令はあまりにも酷薄だ。

私なりの予想だが、信盛は八月十二日に譴責状を受けて、しばらくもしないうちに追放の罪を受け入れると決めた。荷物をまとめ、わずかな従者と息子と共に旅立つ。これに信長はショックを受けて、林秀貞ら三名を追放して心の平衡を保とうとした。が、それとは別に、軍団の統制という問題もある。信盛追放が知れ渡れば、領内の統制に亀裂が入る。そこで、信長は「信盛は汚名返上のため、戦場で敵を討つため軍団長の地位を外れた」と虚偽を通告した。こうすることで、織田領内の混乱を最小限にしようとした。

だが、信長の虚偽を家臣たちが信じれば、信盛への助太刀に馳せ参じる者も出てくるかもしれない。そうなれば、信長の虚偽もばれる。ばれたところで致命傷にはならないが、威信は傷つくだろう。

信長は信盛に追随する者がでないように、筒井順慶らの各領主に道をよく見張るように言いつけた。信盛が高野山までいけば、信長の虚偽はばれるが、その間にいかようにも立て直しができるという肚だろう。

私としては、こういう筋書きだったと信じたい。

二十四日に信長が筒井順慶に送った書状には「信盛は汚名返上の戦場を求めている」という意味の文言があるが、それは信長の虚偽で、信盛は追放を受け入れて高野山を目指していてほしい。

でなければ――

二十四日の段階で、信盛が追放ではなく、汚名返上を選択し戦場を目指していたならば、あまりにも事実として残酷すぎる。二十四年前の最も苦しい兄弟確執の時代を支えた股肱の佐久間信盛から、信長は軍団長の地位を剝奪した。まるで弊履《へいり》でも捨てるかのように。

そして、老齢の身ながら、なんとか敵を討たんとする信盛に、信長は随身の人員を少人数にするよう厳命し、筒井順慶らを使って徹底させた。五十三歳の信盛を、過酷な戦場に少人数で送りこもうとしたのだ。

信長の処置を聞いた信盛は、どう思っただろうか。信長に、死ねと命令されたと感じたはずである。その絶望の大きさを想像するのは困難だ。

だからこそ、私はこう思いたい。信盛事件の混乱を極力少なくするために、信長は追放を受け入れた信盛が汚名返上の戦場に旅立ったと書状に虚偽を記載したのだと。

第六章　激しい気分の浮沈

信長公記の空白

信盛や秀貞を追放して以降、天正八年の公記の記述が一気に少なくなる。柴田勝家の加賀攻めと徳川家康の高天神城攻めの記事をごく控えめに記して終っている。

この約四ヶ月半の間、信長は何をしていたのだろうか。貴族たちの日記にも数回、安土にいることが書かれているだけだ。それらの日記を読み込んでも、信長の様子は見えてこない。安土にはいるが、透明人間になってしまったかのようだ。

私が思うに、信長は引きこもっていたのではないか。

秀貞らを追放したが、過去に信長を裏切った人間はまだ多い。追放相当の罪を抱えている武者は多数いる。粛清するべき人間の多さに、信長は絶望し、鬱病になったのではないかと私は妄想する。

引きこもりになった、というのは一応手がかりとなる記事が公記にある。

翌天正九年四月二十五日、家臣の溝口秀勝《みぞぐちひでかつ》が、秘蔵の高麗鷹を六羽献上しにきた。そこにこんなことが書かれている。

「近来鷹の進上がなかったので、信長公は大変喜ばれ、ご秘蔵になり大事にすることが一方ならなかった」

奇妙ではあるまいか。信長の鷹好きは誰でも知っている。みな隙あらば信長に鷹を贈ることを考えていたはずだ。実際、公記には信長が鷹を献上される事例をいくつも載せている。

にもかかわらず、天正九年四月時点では信長への鷹の献上が久々だった。前年の八月から十二月まで信長が引きこもりになり、使者との接見を拒否したからではないか。

第二次大戦の例だが、一国の総統が引きこもりに似た状態になったケースがある。アドルフ・ヒトラーだ。大野裕之氏の『チャップリンとヒトラー』を参考にすれば――

彼は天才的な演説家だった。唯一にして最大の彼の武器だ。ナチスドイツはアウトバーン建設などの政策でドイツ経済を蘇らせたといわれているが、実はほとんどが前政権の遺産らしい。

そんなヒトラーは精力的に各地で演説した。選挙のある日は、一日に三〜四回も大きな演説をこなした。

が、一九四一年に急に演説回数が少なくなる。一九四一年の大きな演説は七回、一九四二年五回、一九四三年二回。ドイツは劣勢にたたされ、側近たちはヒトラーに演説で民衆の士気を鼓舞するように懇願する。しかし、ヒトラーは決して腰を上げない。

敗戦の一ヶ月前も側近がラジオ演説するように懇願するが、ヒトラーは願いを聞き入れず官邸地下の防空壕に閉じこもり、とうとうそこで自殺してしまう。

大野氏の著作によれば、ヒトラー演説激減時期とチャップリンの映画『独裁者』の公開時期がほぼ同じだという。チャップリンは映画の中で独裁者ヒトラーを揶揄しており、演説のシーンもある。チャップリンが独裁者を笑いものにしたことで、ヒトラーはメディアという戦場で敗退し、ひきこもりになったのかもしれない。

どうして、ヒトラーが映画俳優をそこまで意識したのか。ナチスはかなり初期からチャップリンを攻撃している。しかもチャップリンをユダヤ人だというデマまで流している。

ヒトラーがチャップリンに言及した記録はないが、ナチスによるチャップリン攻撃を黙認した態度からどういう感情を持っていたかは想像できる。

また岩波明氏の『天才と発達障害』によると、第二次大戦時のアメリカ大統領フランクリン・ルーズベルトは一九四五年のヤルタ会談時、「脳の疾患のために、一種のうつ状態に陥っていた」とある。結果、ヤルタ会談は米英側にとって不満足な成果しか残せなかったという。同書には鬱病を患っていた政治家として、ルーズベルトと同時代を生きた英国首相ウィンストン・チャーチルもあげている。英国を第二次大戦の勝利に導いた名宰相だ。チャーチルが二十代の頃、すでに国会議員として活躍していたが、鬱病に苦しめられた時期でもあった。国会演説中に突然声を失い、顔を手で覆って椅子に座りこんでしまったというエピソードがある。チャーチル自身も鬱病を自覚し、病のことを「黒い犬」と呼んでいた。

話を信長に戻す。

『織田信長文書の研究』で、天正八年の八月十八日以降から十二月晦日までに発行された、信長関連の書状などを見てみる。

数は十三通。

歳暮などの贈り物のお礼が六通。

所領や権益の安堵が四通。

残党討伐の報告を受領した返信が一通。

城普請の許可が一通。

残る一通は、筒井順慶にむけた追放した信盛への指示の文書だ。

八月や九月上旬の書状は、比較的、信長の指示や意志が書面から垣間見えるが、それ以降は贈り物の礼状や所領や権益の安堵ばかりで、やはり信長が精力的、あるいは能動的に動いているような気配は薄い。

躁的行動をとる信長

信長の記述が公記で復活するのは、天正九年の一月一日だ。

どんな様子かを見てみよう。

馬廻衆に正月挨拶を命じておきながら、信長は姿をみせなかった。これも奇妙な行動だ。そんな不可解な行動の後に、馬場を築くことを奉行たちに指示する。きっとこれも一月一日のことだろう。

さらに一月八日には、左義長祭を大々的に開催することを決定する。家臣たちに趣向をこらした衣装での参加を義務づけた。元日に普請を命じた馬場は、この左義長祭のためのものだったのだ。

一月十五日、左義長祭当日、家臣たちは馬にのって馬場を颯爽と駆け抜け大喝采を浴びる。信長も黒の南蛮笠をかぶり、眉をそり、赤の頬あてをつけ、唐織りの陣羽織に虎皮のむかばき（下半身を保護する猟具）、そして芦毛《あしげ》の駿馬に乗って場を沸かせた。

これを皮切りに、今までの逼塞が嘘のように信長はイベントを立て続けに行う。

天正九年

一月十五日	左義長祭
二月二十八日	京馬揃え
三月五日	禁中馬揃え
四月二十一日	安土相撲大会
七月十五日	安土城ライトアップ
八月一日	安土馬揃え

十月七日　　　　鷹狩り
十月十七日　　　鷹狩り
十二月末　　　　諸将歳暮挨拶
天正十年
一月一日　　　　諸将正月挨拶、安土城見学
一月十五日　　　左義長祭
一月二十五日　　伊勢神宮遷宮援助
四月十〜十八日　安土までの帰路を家康が接待

人が変わったかのように、イベントを大々的に開催している。最後の天正十年四月十日からの帰路の接待は家康によるもので、信長が企画したものではない。だが、この行動こそが今までの信長ではありえない。合戦がおわり占領地での処理がすめば、信長は本拠地へと短期間で引き返していた。物見遊山《ものみゆさん》などしていない。行軍の途中に鷹狩りをするなどはあったが、それでもスピーディーな移動を心がけている。

頻発する粛清

信長は謎の逼塞期間が終わると、急に活動的な人間に変貌する。まるで、鬱から躁へと変化したかのように、だ。

躁的な行動と抑鬱を繰り返すことを、双極性障害という。

もともと信長は、鷹狩りや相撲などイベントが好きな人間である。だが、天正九年からは、その頻度や規模を拡大させた。それは躁状態にあったからではないか。

それを踏まえた上で、天正九年を観察するとあることが増えていることがわかる。不可解な粛清だ。

まずは、一覧にしてみる。

天正九年四月十日　持ち場を離れていた女中と匿った寺の長老を処刑
天正九年四月二十一日　槙尾寺の領地を没収命令。拒否した寺を焼き討ち
天正九年六月十一日　越中国の寺崎盛永が安土を訪れた際に捕縛、幽閉
天正九年六月二十七日　能登国の遊佐続光と弟、家老三人を処刑

天正九年七月六日　越中国の石黒成綱ら三十騎を上京途中、佐和山にて討つ
天正九年七月十七日　幽閉していた寺崎父子を処刑
天正九年八月十七日　全国の高野聖《こうやひじり》数百人を捕縛し処刑
天正十年四月三日　六角承禎《じょうてい》を匿った恵林寺焼き討ち

公記には記載がないが、越中国の神保長住も信長の怒りに触れて追放されている。天正十年のことだ。理由は、居城富山城を敵方に奪われ虜囚の身となったから。だが、これは同情の余地がある。なぜなら、敵が攻撃を仕掛けてきたのは、信長の計略によるものだからだ。

公記の記事を要約する。天正十年、いよいよ信長が武田勝頼を討つべく動きだした。この時、信長は越中国に偽の情報を流布させた。

「信長親子は、勝頼の軍略と自然の要害の前に大敗北した」

後世の目から見れば、ありえぬ噂である。織田信忠の快進撃であっという間もなく武田家は滅びた。だが当時は、武田家は手強いという世評が根強くあった。

信長の虚報に踊らされた敵は挙兵し、神保長住のいる富山城を包囲して奪いとり、彼を

幽閉する。三月十一日のことだ。

後に柴田勝家、佐々成政、前田利家らが敵を逆包囲して、神保長住を救出する。が、信長の怒りはおさまらず長住は追放となる。

一連の経緯だけをみれば、神保長住に大きな落ち度があるように見えない。逆に、信長の計略の被害者のように思える。城を奪われたのは褒められたことではないが、そもそも信長が偽の噂を流さなければ無事だったはずだ。反対者を炙りだすためとはいえ、随分と乱暴で杜撰な計略ではないか。その後の神保長住の処置も過ぎた罰といわざるをえない。

このように、粛清の数が一気に増えている。

無論、これより以前にも信長は多くの人間を粛清している。

だが、天正九年以降はその頻度が明らかに多くなっている。まるで人間不信に陥ったかのようだ。人間不信といえば、それを物語る信長の書状がある。

大和の豪族の越智家秀《おちいえひで》に送った書状だ。

『織田信長家臣人名辞典』によれば、天正八年十二月一日付で、家中で信長に不義を企てた者をリストアップして送るように命じているのだ。かなり、剣呑《けんのん》な内容である。

ちなみに、越智はもともと信長の部下ではなかった。それが、あることをきっかけに信長に気に入られ、所領を持つことができた。

鷹狩りである。

天正五年十一月十八日のことだ。信長は参内のおりに、鷹狩りの格好で赴いたことは前述した。お供の衆も同様に趣向をこらした姿に扮したという。帝に拝謁した信長は、腕に秘蔵の鷹をとまらせてお目にかけたというから、よっぽど自慢したかったのであろう。面白いのは、信長のお供の衆だ。信長が鷹を腕にとまらせて参内したので、それに追随した。ある者は、なんと鷹を十四羽も体に止まらせて参内したというのだ。アホというしかない。

参内を終えた信長は、そのまま鷹狩りに直行。東山で存分に鷹を使った。

この日は運悪く大雪だが、信長は鷹狩りをやめようとしない。

結果、どうなったか。

信長の鷹が風に飛ばされ行方不明になったのだ。同情の余地が一片もないうつけぶりである。ちなみに、このとき信長は数えで四十四歳。

が、次の日、信長の鷹を見つけだした人物が現れる。それが大和の国の越智家秀だ。信長のもとに届けると、大変な喜びようだったという。褒美をとらせるというと、越智家秀は幕府によって没収された旧領の回復を願いでた。信長は迷うことなく旧領回復の朱印状を発給する。

そんな男へ、信長に不義なす人間のリストアップを求めるのだ。猜疑心が高まっているとしか思えない。それが制御不能になり、粛清へと発展したのかもしれない。

女中処刑

天正九年の女中とかくまった僧侶の処刑の一件を詳しく紹介しよう。信長の性格がよく出ている事例である。

四月十日のことだ。安土城にいる信長は、琵琶湖竹生島への参拝を思いたつ。さっそく馬で秀吉の所領長浜までいき、そこから船で竹生島へと渡った。公記には海陸あわせて片道十五里の道だと記されている。約六十キロメートルだ。

城の留守を預かる人々は、遠路ゆえに信長は長浜で泊まるだろうと予想した。女中たちの中には、持ち場を離れて体を休める者がでてきた。ある者は安土城下の桑実寺《くわのみ》へと遊びにいってしまう。翌日までに戻れば誤魔化せると考えたのだ。

が、案に相違して、信長は日帰りで戻ってきた。海陸往復三十里――約百二十キロメートルを踏破したのだ。

そこで、女中たちがいないことに気づく。持ち場を離れていた者は縄にかけ、桑実寺には女中を差し出すよう要求。寺が断ったために、女中だけでなく寺の長老をも処刑した。ルイス・フロイスの日本史にも安土城女中成敗事件のことが記述されている。

「信長は政庁の数名の召使いの女、または婦人たちに対してひどい癇癪を起こし、彼女たちを厳罰に処した。そのうちの一人か二人は処罰された後、城から三、四の射程距離にある一仏寺に逃れた。

このことが信長の耳にはいると、聖霊降臨の祝日の前夜のことであったが、その寺の全僧侶を捕縛させ、その同じ夜、彼らの僧院、およびその他、隣近所に住んでいる人たちの家屋にも放火させ、翌日には一人も生かしておくことなく全員を殺させたが、その数はおびただしかった」

寺を周囲もろとも焼いたなどと誇張はあるが、信長が関係者を処刑したのは確かなようだ。

いかに「必罰」を信条とする信長とはいえ、厳しすぎる罰である。

が、これも信盛と比較すれば、相当な罰だと信長は判断したのかもしれない。信盛は、女中たちのように持ち場を放棄することはなかったのだから。

双極性障害の特徴

間違いないのは、この時の信長は感情を制御できる状態ではなかったということだ。躁と鬱を行き来することを、双極性障害という。双極性障害の躁状態の時には、どんな特徴があるのか。『こころの医学入門』（近藤直司ほか編）の「躁病エピソードの診断基準」の中から適宜抜粋すると——

「気分が異常かつ持続的に高揚し、開放的または易怒的と（怒りっぽく）なる。
以下のうち、三つかそれ以上が普段とは明らかに異なった変化を象徴するようになる。
1、自尊心の肥大
2、睡眠欲求の減少
3、多弁

4、観念奔逸《かんねんほんいつ》
5、注意散漫
6、目標指向性の活動の増加、または精神運動性の焦燥
7、困った結果につながりかねない活動への熱中」

4は、次から次へと考えが迸り止まらなくなること。6は、異常なまでに活動的になること。7は、買いあさりや無謀な事業への投資などに熱中すること。

女中を成敗した時の公記の記事を振り返ってみよう。水陸あわせて往復三十里を日帰りした時の信長の様子をこう書いている。

「まれに見る強行軍である。しかもご気力は人にすぐれ、お元気なようすでいらっしゃったので、人々はみな驚嘆申し上げた」

人々が驚くほどの体力を見せつけたことがわかる。この時、信長は数えで四十八歳。躁状態の「睡眠欲求の減少」や「気分が異常かつ持続的に高揚し、開放的または易怒的」な

どにあてはまるのではないか。

公記では、他にも信長が不眠で行動したと思しき記述が多い。

天正七年三月、摂津の戦場にいる信長は前述のように毎日のように鷹狩りをした。「毎日の鷹狩りに信長公のご苦労は並大抵のものではない。一向にお疲れの様子をみせずに、気力盛んな様子に大勢の者が感じ入った」

また同年の十月八日にも、夜の八時に京を発ち、一晩中移動して安土へと到着している。別にこの時、何か火急の用件があったとも思えない。あるいは躁状態だったゆえの行動かもしれない。

粛清される北陸諸侯

天正九年、たて続けに寺崎盛永、遊佐続光、石黒成綱らを粛清している。

全員が北陸に領地を持つ男たちである。そういう意味では、一連の粛清劇で北陸の統治を強化したかったのかもしれない。越中国の神保長住の追放も、そのためかもしれないが、それにしてもやり方が随分と荒々しい。粛清にスマートさを求めるのもどうかとは思うが、詳細を書いてみる。

最初の寺崎盛永父子の粛清理由は不明である。公記は「わけあって」とのみ記載。「召し寄せ」とあるので、信長が悪意をもって招聘したのだ。そしてのこのこ現れた父子を幽閉。身柄を引き受けたのは、佐和山の丹羽長秀だった。

そして一月後の七月十七日、寺崎父子は切腹。場所は佐和山である。父の寺崎盛永が切腹の後に、子の喜六郎の番がきた。彼は父の血を手ですくいそれをなめた後に、腹に刃をつきつけ見事に果てたという。

「比べようもない立派な振る舞いは、まことに見事であった」

公記の牛一の筆は、父子の死に賛辞を惜しまない。

それだけに、粛清理由の歯切れの悪さが印象に残る。

遊佐続光の粛清理由ははっきりしている。能登国七尾城家老の彼は、裏で上杉家とつながっていたからである。反逆を企てたというのが理由だ。信長は菅屋《すがや》長頼《ながより》を派遣。遊佐続光だけでなく、その弟、家老の三人を自害させた。

これを見た、家老の温井備前守兄弟は逐電している。

石黒成綱は上京途中を襲われている。彼は越中国の木舟城城主である。粛清理由は書かれていない。上京途中、長浜で石黒成綱は粛清計画に気づいた。七月六日なので、寺崎父子は佐和山城に幽閉されている時だ。その報告を受けたのかもしれない。

粛清役を命じられたのは、丹羽長秀だ。長浜から先に進まない石黒成綱にしびれを切らし、長秀は手勢を率いて包囲強襲した。石黒側は三十騎と寡勢だったが、長秀側の手練れ二、三名を討死させた。相当な抵抗をしたのだろう。三十騎のうち、十七名が自害した。

実は信長は謀が得意ではない。ルイス・フロイスも「あまり謀略に精通していない」と信長のことを表現している。

信長が謀略まがいの暗殺を駆使したのは、天正九年以前は二回だけ。

二十代の頃に、見舞いにきた弟の信勝（一般的には信行）を暗殺した一例。

浅井→織田→大坂本願寺→織田と、変節を繰り返した高宮右京亮を呼び寄せて暗殺した一例（元亀二年九月二十一日）。

もちろん、不可解な急死や首謀者のわからない暗殺などは多くある。信長が首謀者かどうかは不明なものはカウントしていない。また、古くから同盟を結ぶ水野信元や足利義昭の元家臣の三淵藤英《みつぶちふじひで》らに処刑を言い渡したこともあるが、計略ではないので同様にカウントしない。

ちなみに、信勝暗殺の実行者は河尻秀隆《かわじりひでたか》（と青貝という男）、高宮右京亮暗殺は河尻秀隆と丹羽長秀。先にあげた寺崎盛永と石黒成綱を粛清したのは、丹羽長秀。

暗殺の実行部隊を率いるのは、丹羽長秀が三回で河尻秀隆が二回。謀略を駆使することが少ない信長だが、汚れ役はこのふたりと決まっていたのかもしれない。

それまで暗殺を駆使しなかった信長に何があったのだろうか。

信長が躁状態だったからではないか。

躁状態になると活動的になり、それが破壊的な逸脱行動にまで発展することもあるという。観念奔逸といって、次から次へとアイデアが思い浮かんでくる。自尊心が肥大し全能感に満ち、自分は何でもできると思い違いをしがちだという。

寺崎らの粛清の目的は北陸統治のためだが、その手段を見るとやはり信長らしくない。

浅井長政や松永久秀、荒木村重らが裏切った時、その事実をなかなか信じようとせず後手に回った信長と同一人物とは思えない。何より、北陸は柴田勝家に任せている。まずは勝家に対応させてしかるべきだ。

実際に、天正七年に徳川家康長男の徳川信康《のぶやす》を処刑した時も、家康主導で行われた。一般的には、信長の命令で家康が信康を処刑したとされる。が、『安土日記』という何パターンかある公記のひとつでは、「信康が裏切ったという噂があるので、それを信長に相談し、八月四日に三河の国境に追放した」という意味のことが書かれている。『安土日記』など成立の古い公記には信康粛清のことが記載されているが、成立の新しい公記には記述はない。太田牛一が徳川家に忖度して、記事を消去したのだと考えられている。

『安土日記』を見ると、最初にアクションを起こしたのは家康で信長はただ相談を受けただけである。家康の孫の松平忠明《まつだいらただあき》が江戸時代初期に編纂したといわれる『当代記』という史料にはどう書いてあるか。

「信康は家康の命令に常々背き、信長でさえ軽んじている。また、部下たちへも無慈悲な行いも多い。そのことを酒井《さかい》忠次《ただつぐ》が信長に相談した。信長は『そのように家族や臣下から見限られているならば、是非もない。家康公のお考え通りにされよ』と返答した」

家康が粛清を打診してきたので、信長が許可をしたと読める。徳川信康処刑は発起から計画遂行まで、家康主導だったのではないか。少なくとも、信長自ら粛清を采配した形跡はない。伊勢の北畠具教を天正四年に粛清した時も、当地にいる織田信雄らに実行させている。にもかかわらず、天正九年からは信長采配による粛清が急増している。

自身を神格化する信長

そういえば、ルイス・フロイスの日本史に、信長が自身のことを神として崇めるように他者に強要した逸話がある。これも双極性障害で、躁状態になった時に見られるケースと似ている。

実際に、私の知人でそんなことを経験した方がいる。双極性障害を患っていたある作家――仮に名前をAさんとしておく――のスタッフとして働いていた経歴がある人だ。Aさんは著名で多才な小説家（故人）だが、ここでは名は伏せておく。Aさんが、躁と鬱を繰り返すことは周囲も知っていた。ある時、躁状態のAさんが突然「儀式をはじめる」と言い出したという。そして、スタッフを集め、意味不明な儀式をはじめたのだ。詳細を知りたかったが、故人の名誉を考えてかぼかしたままでしか教えてくれなかった。信長も、このAさんと同じような精神状況にあったため、自身を神格化したのかもしれない。

ルイス・フロイスの日本史の該当部分を簡単に見てみる。日本史にしかないエピソードなので、どこまで信憑性があるかは疑問視されていることは理解した上で読んでほしい。

「君主たる信長は、摠見寺という寺院を建立した。当寺を参詣すれば、様々な功徳がある。

一　富と子孫繁栄に恵まれる

二　八十歳までの健康長寿

三　信長誕生日への参拝義務付け

四　以上のことを信じる者は救われ、信じぬ者は滅亡する

信長は、余自らが神体であると言っていた。ある人物が盆山と称せられる一個の石を持参した際、信長は寺の一番高所に、窓のない仏龕《ぶつがん》（秘仏安置の厨子）をつくり、その石を収納するように命じた。

領内に触れをだし、諸国の全ての町村、すべての身分の者が、その年の第五月の彼が生

まれた日に、同寺とそこに安置されている神体を礼拝しに来るように命じた。諸国、遠方から集合した人々は甚大で、とうてい信じられぬばかりであった」

本当にあった逸話かどうかは疑問符がつく。五月に信長が貴賤貧富問わず摠見寺へ人を集めたというが、公記を読む限り五月に該当する記述はない。

安土城の侍女を成敗した時も、日本史は「隣近所に住んでいる人たちの家屋にも放火させ、翌日には一人も生かしておくことなく全員を殺させたが、その数はおびただしかった」と、調べればすぐに事実と異なるとわかる誇張を書いている。日本史にある信長が自身を神格化した逸話は、事実をベースに幾分か誇張が混ざっているのかもしれない。五月に国中の民を集めたのは誇張だが、信長が自身を神格化したのは本当かもしれない。

どちらにせよ、躁状態の人の行動にとてもよく似ている。

第七章　信長のパーソナリティ

愛情への飢餓感

強迫観念を思わせる完璧主義すぎる性格、制御できない怒り、これらの信長の性格――あるいは個性が双極性障害の引き金になったのではないか、と私は妄想した。

そこで、私の友人の神経内科医と彼の友人で精神医学に詳しい人物に色々と助言をいただいた。まずは、神経内科医の友人の意見を頂戴した。

規律やルールに過剰に囚われ生活などに支障が出ることを、強迫性パーソナリティ障害というらしい。

『こころの医学入門』による強迫性パーソナリティ障害の記述を要約すると、以下のようになる。

「秩序、完璧主義にとらわれるあまり、柔軟性、開放性、効率性が犠牲になることを特徴とします。娯楽や友人関係を犠牲にしてまで仕事や生産性に過剰にのめり込むことがあります。道徳、倫理、価値観に対して過剰に誠実で融通がきかず、他者にも同様の行動を強要することがあります」

つづいて、怒りなどを制御できずに生活に支障が出ることを、境界性パーソナリティ障害という。『こころの医学入門』から抜粋すると——

「対人関係、自己像、感情などの不安定および著しい衝動性を特徴とします。見捨てられることに対して敏感で、そうなるのをなりふりかまわず避けようとします。他者を過剰に理想化したかと思うと同じ人物をこきおろすという具合に、その対人関係は極端で不安定です。自分を傷つける可能性のある衝動的な行動（浪費、性行為、物質乱用、過食など）が認められます。感情は容易に変動し、不適切で激しい怒りを示します。怒りの制御は困難です」

境界性パーソナリティ障害も強迫性パーソナリティ障害も、公記の信長の記述に共通する部分が多いように思える。そこで、〃精神医学に詳しい人物〃に意見を頂戴した。ちなみに彼は現職の精神科医でもあるが、ご本人による以下の理由からあえて〃精神医学に詳しい人物〃という記述にした。

「本当の意味で診断を求められるときは、本人（信長）と家族、第三者の情報を合わせ、時系列をみて、ようやく診断が可能になります。切り取られたエピソードのみから判断するのは、最も避けるべき行動です。精神医学に詳しいある友人の意見ということで、精神科医の見解にはしないでください」

もっともな意見だと思う。かといって〃精神医学に詳しい人物〃が、専門家でないと読者が判断されるのも正確を欠くので、冗長かとは思ったが記載の過程を書いておいた。

以下が、精神医学に詳しい人物の見解である。

「社会的に成功している人は、自閉症の傾向や、双極性障害の傾向を持ち合わせていることはよくあります。ただし、それが本当に診断基準を満たすまで病的であれば、社会的に成功することはまずありません。なんらかの、病的な傾向を相殺する才能を持ち合わせている場合が多く、それは個人の特性というか、パーソナリティと呼ぶべきものであり、病気とすべきではないと思われます。または、周囲の有能な人間が、その人の不十分な部分を補っている場合も多いですが、それも、本当に病的であれば（繰り返しになりますが、診断基準を満たすまでにという意味で）、周囲がささえることをやめてしまい、社会的に成功しえることは稀です（たとえ失脚したとしても、失脚しえるまで成功できない場合がほとんどと思われます）。それが現代の特徴で、過去にはそのようなことがなかったのかは、わかりませんが」

と前提した上で、強迫性パーソナリティ障害と境界性パーソナリティ障害については以下の意見をいただいた。

「信長がパーソナリティ障害か、という議論は精神科的にはあまり意味がない気がします。双極性障害のような本当の病気と違い、パーソナリティ障害は診断閾値が低く、本当の病気の病前性格としての意味は大きいですが、診断そのものはあまり大きな意味はなく、世間からみて多くの『かわった人』には簡単に当てはまります。信長ともなると、多くのパーソナリティ障害があてはまっておかしくありません。また信長ほど個性的な人物となると、どれかのパーソナリティ障害がぴったり当てはまることはなく、複数のパーソナリティ障害の特徴を併せ持っている可能性の方が高いと思います。

信長が境界性パーソナリティ障害および強迫性パーソナリティ障害かどうかについては、おそらく精神科医にとっては違和感がある選択だと思います。

私個人の意見として、どのパーソナリティ障害が近いか、と言われると、世間一般、またドラマでよく出てくる信長のイメージからは、『自己愛性パーソナリティ障害』でしょうか。ただこれも信長のイメージにピッタリとはいえません。

境界性パーソナリティ障害については、信長は中核群とは明らかに違うけど、ぎりぎり診断基準には当てはまってしまうかも、というところでしょうか。境界性パーソナリティ障害のわかりやすいイメージは、恋人に見捨てられそうになり、リストカットをして引き留めようとする人たちです。また慢性的な空虚感、希死念慮をもっていることが多く、信長のイメージとはだいぶ異なります。怒りの制御の問題も特徴のひとつではあり、それは信長には確かにあったとは思われますが。

強迫性パーソナリティ障害についても、これももしかしたら信長は診断基準には当てはまってしまうかもしれませんが、中核群は、堅苦しくて、おかしな規則にだけ縛られて、社会性に問題のあるおとなしい人達のイメージなので、信長のイメージからだいぶ遠い感じになるかと思います。信長に強い強迫傾向があったのはこれもまた確かかと思われますが」

信長が自己愛性パーソナリティ障害に近いのでは、という意見をいただいた。『こころの医学入門』から自己愛性パーソナリティ障害の概要を抜粋すると——

「空想や行動にみられる誇大性、賞賛されたいという欲求、共感の欠如を特徴とします。自らの能力や業績を過大に評価して誇大感を持っていて、際限のない成功や権力、美しさの空想にとらわれています。特別扱いを受けるのが当然であり、ふつうの人のことは自分を賞賛したり自分に貢献したりするために存在価値があるのであって、それ以外は取るに足らないと考えます。したがって、他者の気持ちに共感したり思いやったりすることがありません。他者の成功や所有物をねたみ、自分のほうが賞賛や特権を受けるに値すると思うことがあります。他者からの批判や無関心に対して非常に傷つきやすく、そうした態度を受けると怒りを露わにすることがあります」

確かに信長の特徴によくあてはまる。

興味深い意見だと思う。

岡田尊司氏の『パーソナリティ障害　いかに接し、どう克服するか』によると、自己愛性パーソナリティ障害についてこんな特徴が書いてある。

「このタイプの人は、強迫性パーソナリティ障害の人と同様、完璧主義なのである」

「このタイプの人は、対人関係において、称賛だけを捧げてくれればいい大多数の者と、（中略）さまざまな現実問題の処理を代行してくれる依存者の二種類を求める。（中略）どちらでもなくなると、使い終わったティッシュでも捨てるように、容赦なく排除されるのである」

粛清や追放された人間の多さの理由として、あてはまるかもしれない。

また、同書には、こんなことも書いてある。

「自己愛性パーソナリティの人で、もうひとつよく出会うパターンは、幼い頃、可愛がられて育ったが、途中で養育者がなくなってしまったり、生き別れするといった愛情剥奪体験をしていることである」

「その後、早期に母親の愛情を奪われる『母性奪』が、子供のパーソナリティ形成に重大な影を落とすことが知られるようになった。今日では、生後一年くらいの間に形作られる『愛着』パターンが、その後の対人関係や子育てにも影響することがわかっている」

「その後の多くの研究も、重度のパーソナリティ障害に苦しむ人が、人生の最早期に、子供に本来与えられるべき愛情と世話が適切に与えられなかったことを示している」

自己愛性に限らず、パーソナリティ障害は幼少時の愛情不足などの体験によって後天的に引き起こされる可能性が高いらしい。では、信長の幼少期はどんなものだったのか。時期不明ながら、信長は早くに親元から引き離されている。公記の首巻の記事だ。

「あるとき、備後守（信秀）殿は尾張の那古野へ来られて、丈夫な要害とするよう命じられた。嫡男の織田吉法師《きつぽうし》（信長の幼名）殿に、一番家老として林秀貞らの人たちを添えて（那古野城に）いれられた。備後守殿は那古野の城を吉法師殿へ譲られて、熱田の近くの古渡《ふるわたり》というところに新城をこしらえてそこにおられた」

信長のことを吉法師と幼名で書いているので、信長はかなり早い時期から両親と離れ離れにさせられたようだ。さらに実母の土田御前は信長ではなく、実弟の信勝を溺愛したらしい。

幼少期の愛情への飢餓感が、信長のパーソナリティの形成に影響を及ぼしたのかもしれない。ただ、パーソナリティ障害自体は「病気として扱うよりも、だれにでもある傾向のかたよりととらえるほうが、臨床的にも適切だと考えられている」と書いている本もある。信長の覇業が半ば以上成功したのは、信長の性格の偏りが大きな要因でもあるだろう。本人がパーソナリティを自覚し、周囲もそれを理解してバックアップすれば、社会にとっては大きな利益をもたらすのだろう。

さらに、追加で精神医学に詳しい人物から以下のようなメールをいただいた。先ほどあげた文章との重複もあるが、正確を欠くといけないので掲載しておく。

「ここまで書かせていただいたので、中途半端に意見を述べて、誤解を招くより、いっそ私の個人的な意見をまとめさせていただいた方がいいかと思い、まとめさせていただきました。

信長が、様々な病的ともいえる個性を持ち合わせていたのは確かかと思いますが、それが診断基準を満たすまでに病的であれば、信長ほど何かを成し遂げることは困難であろうと思われ、病的な部分を相殺する、別の個性を持ち合わせていた可能性が高く、その個性こそが、信長を特徴づけるものと思われます。

病的な個性については、ドラマでのイメージやお示しいただいた文献などからは、双極性障害の病前性格（発揚性・循環性・気分反応性・誇大性）や、自閉スペクトラム症の特徴（同一性への固執）などがある可能性があります。

これは余談ですが、自閉スペクトラム症のイメージは世間では空気を読めない孤立しがちな人、で信長とはかけはなれているイメージがあるかもしれませんが、実は、社会的に成功する人の中に、病的ともいえるこだわりから成功を収めていて、活発でとりまきは多いように見えるが、実は人の気持ちを理解することができず、周囲が大変な苦労をしている、ということはよくあります。

最初にメールであげられていた『強迫観念』（筆者注：完璧主義すぎる信長の性格）というのは、精神科的には、強迫性障害や強迫性パーソナリティ障害の強迫よりも、この自閉スペクトラム症の同一性への固執に近いかと思われます。

パーソナリティ障害についてですが、人口の数パーセント〜十パーセントにも当てはまるかもしれない性格特性に近いパーソナリティ障害の診断基準に信長が当てはまるのは当たり前で、様々なパーソナリティ障害が当てはまる可能性が高いと思われます。ただ逆に信長ほど個性が強いと、その個性にぴったり当てはまるパーソナリティ障害はなく、様々なパーソナリティ障害の特性を併せ持っている可能性の方が高いかと思われます。

あえてあげるのであれば、クラスターBといわれる派手で劇的な人格偏奇群（自己愛性、反社会性、境界性、演技性）や妄想性パーソナリティ障害（これはクラスターA）の様々な特性を併せ持っている可能性で、この中で信長の個性に比較的近いものをあげるとすれば、自己愛性かもしれませんが、それもぴったりではない、というところでしょうか」

自閉スペクトラム症という言葉が出てきた。自閉症やアスペルガー障害などの疾患をまとめて、自閉スペクトラム症と呼ぶそうだ。

岩波明氏の『精神疾患』では、アスペルガー障害を持っていたであろう過去の人物として、フランスのド・ゴール大統領をあげている。第二次大戦でフランスがドイツに占領された際、レジスタンスを指揮し、戦後に大統領にまで昇りつめた人物だ。

「喧嘩好きで手に負えない性質」「膨大な量の書物を読んでいた」「独断的でよく周囲の人を狼狽させた」「砲弾が飛びかう困難な状況にあっても（中略）非人間的なまでに感情を欠いていた」「戦場において、彼は恐怖にも苦痛にも無関心であった」「上官に対してしばしば反抗的な態度を示した」

などのド・ゴールの特徴は、信長の特徴とも類似しているように思う。

第八章　信長、最期の一年

隙をつかれた信長

ここからは、信長が最期の一年をどのように暮らしたかを詳しく見てみる。すなわち、天正九年六月三日から本能寺の変がおこる天正十年六月二日までだ。

公記は、天正九年六月五日、北条氏政の使者がきて、馬を三頭献上する記事から始まる。その直前の五月二十四日には、越中国松倉にたてこもっていた上杉景勝の部下の河田長親が病死している。

「信長公から憎まれ申した者は、すべておのずと死んでゆく」

公記の記述も辛辣である。

越後の上杉家と織田家は熾烈な戦いを繰り返していた。越中国に駐屯して先鋒として奮闘したのが、河田長親だ。もともとは近江国の出自だが、謙信が上洛した際に見出され登用されたという。

上杉家との戦いの過程を、簡単に振り返ってみる。

天正六年三月十三日、上杉謙信が死去した好機を見逃さず、信長は斎藤利治を北陸に派遣する。斎藤利治は信長の舅の斎藤道三の末子と言われている。北陸の指揮官といえば柴田勝家だが、彼は前年に与力の羽柴秀吉の戦線離脱をゆるし、謙信と手取川で一戦して大敗北している。勝家では心もとないと、信長は思ったのだろうか。

斎藤利治は、北陸に駐屯していた河田長親の居城を次々と落とす。天正六年九月二十四日に津毛城、十月四日に今和泉城などだ。

占領した城は、後の天正九年に信長の計略の犠牲になる神保長住に守らせた。

北陸がきな臭くなるのは、天正九年になってから。三月六日、京での馬揃えで柴田勝家らの不在の隙を河田長親がついたのだ。主君の上杉景勝も出馬し、北陸は大いに混乱した。勝家が砦に駐屯させていた三百の兵が全滅する有様である。

ちなみに、馬揃えに参加あるいはこの時期に上京していた北陸の主要な織田家臣を見てみると、柴田勝家、柴田勝豊《かつとよ》、柴田三左衛門尉、不破光治《ふわみつはる》、前田利家、金森長近、原政茂《はらまさしげ》、佐々成政、神保長住。みな、錚々たる武将たちだ。

河田長親が見事に隙をついた……というよりもこれだけの実力者を不在にして北陸で何も起こらないと思った信長や勝家たちが間抜けなような気がする。

信長が正常な判断力を有していなかった証左のひとつかもしれない。

留守を守る佐久間盛政の活躍などで敵を食い止め、京都から佐々成政らが慌てて駆けつけて、なんとか敵を退散させた。

しかし、天正九年五月二十四日に河田長親は急死。

その半月後の天正九年六月十一日、越中国の寺崎盛永が信長によって佐和山に幽閉される事件がおこる。前述した通り、約一月後に切腹。六月二十七日に能登国の遊佐続光らも処刑している。

河田長親の死と北陸勢の粛清は何らかの関係があるのだろう。とはいえ、粛清のやり方があまりに性急かつ乱暴ではないか。

信長のイベントは続く

秀吉の鳥取攻めの記事をはさみ、七月六日、越中国の石黒成綱の処刑。これが、本能寺の変の約十一ヶ月前のことだ。

七月十一日、柴田勝家が安土の信長を訪れ、鷹と築城用と思われる石を多数献上している。北陸の不安分子を粛清してくれたお礼だろうか。

七月十五日、安土城のライトアップ。十七日、信忠に馬を下賜する。同日、幽閉していた寺崎父子を処刑。

七月二十、二十一日、出羽国武藤氏、出羽国安東愛季《あんどうちかすえ》の使者から立て続けに鷹を献上。久々に鷹をもらい喜んだという記事が、この三ヶ月前の天正九年四月二十五日だ。あれからまた鷹の献上が復活したのだろう。鷹のなかにはひな鳥もいて、「一方ならぬ愛情を示され、ご秘蔵になった」ということだ。無邪気に喜ぶ信長の姿が目に浮かぶ。この頃の信長ならば、鳴かない時鳥でも大切に愛でそうだ。

七月二十五日、またしても信忠が安土へやってきた。前回の会見から八日しかたっていない。今回は脇差を信長から下賜された。親子なのに贈り物を公式行事として受け渡しするのは、なんともいえない不思議な感覚だ。

八月一日、安土で馬揃えが行われた。五畿内およびその隣国が参加。

信長は、芦毛の馬に乗り、白装束に虎皮のむかばき、笠に頰当てという姿だった。公家の近衛前久も参加したと記述がある。これで四回目の馬揃えである（天正九年の左義長祭含む)。さすがに飽きてきたのか、牛一の記述は素っ気ない。前回とはちがい、幸運にも他国が隙をつくことはなかった。

毛利との決戦の決意

八月六日——本能寺の変の約十ヶ月前——陸奥国の蘆名盛隆《あしなもりたか》の使者が名馬を献上。十二日、信忠が対武田戦を想定したと思われる軍事演習を行ったことは前述した。

八月十三日、毛利輝元、吉川元春、小早川隆景の三名が出陣するという風説が、信長のもとに届けられる。ここで、やっと信長がらしい反応をする。

諸将に出陣の支度を命じ、触れがあり次第、昼夜休まず参陣するように、と言い含める。戦の申し子ともいうべき、かつての信長の姿を彷彿させる。

「こたび毛利家の軍兵が鳥取城救援のため出陣するならば、信長自らが出馬し一戦をとげ、ことごとく敵を討ち果たして、全国を支配してやる」

信盛が追放されたせいか反対意見はなく、「一同はこれに従い、その覚悟を決めたのであった」と書かれている。が、結局、毛利の本隊が救援にくることはなく、天正九年の信長の出兵は叶わなかった。

八月十七日、全国の高野聖数百人を召し捕らえ、安土で処刑した。理由は、高野山が荒木村重の残党を匿っており、その差し出しを要求した信長の使者十人を殺したからだ。残酷ではあるが、処刑にいたった理由は納得できる。

日付はないが、信長は能登国の四郡を前田利家に与えたという記事が出てくる。きっと八月の下旬だろう。かつて信長に勘当された利家が、とうとう一国の主になったのだ。さらに菅屋長頼を奉行として、能登国と越中国の城を破壊させる。なぜか北陸方面軍団長の柴田勝家に任せるのではなく、信長直臣の菅屋にやらせている。どうも、信長は勝家を信頼していなかったように見える。

イエズス会の『耶蘇会年報《やそかいねんぽう》』の「フロイスの書翰」による勝家の評を見ると――

「当地（越前）で（勝家は）信長のごとき人であって、諸人は彼を上様、その子を殿様と称している」

勝家は自身のことを〝上様〟と呼ばせていたらしい。〝上様〟とは信長への呼称だ。天正元年に将軍義昭を追放してから、家臣たちは書状でそれまで〝殿様〟と書いていた信長のことを〝上様〟と呼ぶようになっている。勝家は信長にしか許されない呼称を、家臣たちに求めたのだ。あまり穏やかな話ではない。他にも『耶蘇会年報』の「フロイスの書翰」には、こんなことが書かれてある。

「彼（勝家）は当地（越前）においては緋の服を着、馬もまた緋でおおっているが、信長は自らこの服装を用いるつもりであったから彼がこの姿で（馬揃えに）出ることを禁じた」

信長が馬揃えで緋色の服を着るという部分は、公記首巻に若き信長がお付きの者に朱の装束を義務づけた記事を思い出させる。年を経ても、信長は赤い色が好きだったのだろう。さて、勝家のことだ。ルイス・フロイスの証言によると、彼は信長の姿を必死に真似ようとしたのだろうか。矢沢永吉のファンがヘアスタイルやファッションを真似するような心理だったのかもしれない。小禄の侍大将が信長の真似をするのは可愛げがあるが、信長より年長の軍団長の勝家がそれをしても可愛くはない。

信長におもねる意思がありありと見える。器量の大きな男とは言い難いだろう。

天正八年に北陸方面の報告を怠ったこと、さらにどうもその後、虚偽の報告を信長にしたことなどを含めて、武勇は申し分ないが軍団長としては欠点が多いといわざるをえない。

伊賀国を占領

九月三日――本能寺の変の約九ヶ月前――織田信雄が伊賀へと侵攻する。滝川一益、丹羽長秀らが副将としてつけられたようだ。

伊賀攻めの最中に、信長は安土城を手掛けた職人たちをよび褒美を下賜している。この頃、安土城の大まかな内容が完成したのだろう。褒美をもらったのは、大工の岡部《おかべ》又右衛《またえ》門《もん》や絵師の狩野永徳《かのうえいとく》ら。

伊賀攻めを息子と部下に任せた気ままな状態で、中国で戦う秀吉の様子などを使者から聞きつつ十月七日――本能寺の変の約八ヶ月前――育てていた白鷹が初めて鳥屋を出ることになった。さっそく信長は愛知川周辺で鷹を放ち、獲物をとった。

遊びだけでなく、信長は公務もこなしている。鷹狩りの帰路に半年前に女中と長老を処刑した桑実寺により、バテレンの詰所へといたる。バテレン邸の普請状況を検分して、あれこれ指示したという。造船や建築に異様な興味を示す信長にとっては、口を出さずにはいられなかったのだろう。

十月九日、織田信雄が平定した伊賀を見物にでかける。織田信忠や信澄も同行。その間に、飯道寺、国見山、各武将の陣所（織田信雄、筒井順慶、丹羽長秀ら）を視察し、要害をいかに築くべきかを様々に指示した。

「しばらくの休憩もお取りにならずに、この宮（伊賀一宮）の上に国見山という高山があるのに、お登りになって、まず国内の様子をご覧になって」

公記の記述から、戦いこそはしないが精力的に働いていたようだ。

十月十三日、伊賀から安土へと帰還。伊賀滞在四日という慌ただしさだった。

十七日、長光寺山で鷹を使い、二十日にまたもバテレン邸の敷地の拡張工事を指示。

鳥取城落城、伯耆《ほうき》国での秀吉と吉川元春の戦いの記事をはさみ、越中国の佐々成政から十九頭の馬を献上された記事が出てくる。これが、十月二十九日。

冷める鷹狩りの情熱

十一月一日――本能寺の変の約七ヶ月前――下野国の長沼広照《ながぬまひろてる》が名馬三頭を献上。十一月十七日、羽柴秀吉が淡路へ侵攻。岩屋城をまたたくまに降参させる。この辺りでは、牛一は信長よりも秀吉の記載に紙数を割いている。

奇妙な記事がでてくる。秀吉が攻めとった淡路について信長は「淡路島の知行者を誰にもお命じにならなかった」とある。即断即決が流儀の信長らしくない。何かあったのだろうか。あるいは、四国では長宗我部元親と三好康長が激しく争っていた、その四国問題のこじれが、隣接する淡路国の知行者の不決定となったのだろうか。少なくとも、元親や康長らにとっては心をざわつかせる問題であったにちがいない。この地を元親に近しい者に任せるか、あるいは康長と親しい者に任せるかによって彼らの運命も変わってくるだろう。この半年後、信長は息子の信孝に長宗我部元親を討つための四国討伐軍を編成させている。

余談だが、信長の鷹狩りの情熱がこの辺りで冷めてしまったようだ。

天正九年と翌十年の一年半の間では、公記の記録にある限り二回しか鷹狩りを催していない。天正九年一月二日に、安土の町民に鷹狩りの獲物を下賜とあるので、この日に鷹狩りをしていたとしても三回である。

そして、十一月二十四日、信長が鷹を自分の息子に下賜した記述がでてくる。武田家に人質として取られていた、織田信房が無事に帰還した祝いとしてである。信長は、信房に小袖《こそで》、腰物、鷹、馬、お持ち槍（大将の印）などを下賜する。

信長は、茶器や小袖、刀を下賜するのは珍しくないが、鷹を家臣へ下賜したという記述は少ない。これ以外では、天正七年六月二十日に、滝川一益ら五将に一羽ずつ鷹を下賜した記事があるだけだ。

他にもう一件、天正三年十月三日に奥州から鷹を五十羽調達した時、二十三羽を信長がもらい、あとは「各人にあずけ置かれた」とある。〝あずけ置く〟の意味がよくわからないが、下賜したわけではなく飼育させたということだろうか。

武田勝頼は信長との和平を目論み、人質である織田信房を帰した。信房は幼くして美濃岩村城遠山氏の養子となり、勝頼が東美濃に侵攻し岩村城を落とした時、人質として武田家に送られてきた経緯がある。

苦労をしてきた子だ。貴重な鷹を下賜したのは、あるいはその労をねぎらうためか。公記では、信房を尾張犬山《いぬやま》城の城主に任命したとある。

安土城のお披露目

十二月五日——本能寺の変の約六ヶ月前——近江国で美人局事件がおこり、それを信長の部下が成敗する記事が挟まれている。なぜ、こんな些事を掲載したのか、牛一の意図は不明だ。

十二月末、隣国遠国の大名小名が安土城に集結する。前述したように、三ヶ月前に安土城の大工岡部又右衛門らに褒美を下賜しているので、完成披露パーティーのようなものだろうか。

様々な人たちが宝物を信長に献上し、公記は「とても多くて数えきれない」と記している。

特記しているのが、羽柴秀吉からの献上物だ。中国戦線を弟の羽柴小一郎に任せたのか、安土へとわざわざやってきて小袖を二百着献上。今でいえば、スーツやドレスを二百着献上するようなものか。一日一着身につけたとしても全て着るのに半年強はかかる。実用を考えると無駄の極みだが、物量とパフォーマンスで信長の歓心を買おうとしたのだろう。信長以外にも女房衆にも歳暮の品を献上したというから、手がこんでいる。

「身を捨てる覚悟で当国（因幡）を平定申したことは、武勇の誉であり、前代未聞のことである」

安土に参上した秀吉への信長の絶賛の言葉である。さらに茶湯の道具十二種を下賜された。

ここにきて、織田家の出世争いは秀吉が完全にリードしている感がある。

信盛の死

年が明けて、天正十年一月一日——本能寺の変の約五ヶ月前——暮れに引き続き正月挨拶に諸将が訪れた。合戦や挨拶に走り回らされる織田の諸将たちには同情を禁じ得ない。この時、信長はひとり百文を持参するよう命令する。二章でも書いたように、集まった諸将に安土城の中を見学させ、結果石垣が崩れ死者さえもでた。信長の今後を予兆するような不吉な出来事となった。事故などなかったかのように、諸将に安土城のあちこちを見学させ、最後には信長がうまやの入り口に立ち待ち受ける。そこで諸将が持参した百文を直接受け取り、後ろへと投げたという。

公記は「かたじけないことに」とあるが、最後に銭を後方へ投げるところが意味不明である。

年末につづき、新年も諸将はおびただしい宝物を用意して献上したのは言うまでもない。

一月十五日、前年も催した左義長祭を開催。またしても五畿内と隣国の大小名が召集される。

馬に乗る信長の姿は、頭巾と縦長の四角い笠、京染の小袖《こそで》、白熊の腰蓑《こしみの》、赤地金襴のむかばき、沓《くつ》は猩々皮《しょうじょうひ》。三頭の名馬をとっかえひっかえ乗った。

その日は雪がふる悪天候だった。「風もあって、ひとしお寒さが身に染みる」と公記にある。

が、以前に雪の日でも鷹狩りをしたと書いたように、信長は悪天候を全く意に介さない。午前八時から午後二時まで馬に乗りっぱなしだったという。数えで四十九歳、恐るべき体力だ。

翌十六日、信長のもとに悲報がやってくる。追放した佐久間信盛が、紀伊熊野の山奥で病死したのだ。

信長は密かに信盛が謝罪し、戦線に復帰することを望んでいたのではないか。そうして功績をあげてくれれば、信長は必罰の枷から解き放たれる。しかし、信盛が死んだことで永遠にそれはなくなった。必罰の基準が著しく下がった状態で、織田の家臣団は戦場で戦わねばならなくなった。

信長は信盛の息子の信栄に旧領回復の沙汰をだし、信盛の死を悼んだ。信栄が信忠にお礼の挨拶をしたとあるので、信忠の軍団につけられたようだ。

一月二十一日、宇喜多直家死去の報告がもたらされる。嫡男の宇喜多秀家に相続の許しを与える。以前、直家の投降を許さなかった時と比べると親身になった対応といえるだろう。信盛の死で感傷的になっていたのかもしれない。

一月二十五日、伊勢神宮の修理費用を先方が一千貫と要求しているところを、その三倍の三千貫を下賜する。太っ腹だ。さらに森乱（蘭丸）をやって、岐阜城にある銭一万六千貫をとめる縄が腐っているはずだから交換するように命令する。伊勢神宮修理費用に不足があれば、そこから渡すように信忠に伝言させた。それにしても銭の縄のことを心配するだろうか。信長が口を出さずとも、奉行が管理しているはずだ。気配りというより、病的な執着を感じさせる。

一月二十七日、紀州雑賀への出兵を指示。

武田家を滅ぼす

そして本能寺の変の約四ヶ月前――武田家から木曾義政が内応してきたという報せがやってくる。概要は二章に書いている。詳細を書いても、織田信忠の奮戦がメインになるので省かせてもらう。

ひとついえることは、信長の戦略眼に狂いが生じていることだ。信長は武将たちへの指示に「このたびは遠征であるから、なるべく軍兵は少なく、在陣中も兵糧がつづくようにすることが肝要」と書いている。信長は長期戦になると予想していた。が、案に相違して、短期決着してしまう。二月十二日の信忠出陣から、約一月で勝頼は居城を放棄。三月十一日、滝川一益に討たれてしまう。

ちなみに、同じころ、信長が偽の情報（織田軍苦戦）を流し、越中国で一揆が発生する。神保長住が囲まれて虜囚の身となった。

三月十四日、信長が信濃浪合の地で勝頼の首を検分。諏訪へと陣を移して、戦後処理や残党討伐を指示。武田家から降った穴山梅雪や木曾義政、共に武田家を攻めた北条家の使者と面会。三月二十一日、馬と酒、白鳥などを受領。三月二十六日、馬の飼料と兵糧千俵を受領。

日付不明ながら、信長はこの時期、北条家の使者に理解しがたい行動をとっている。またしても信長に贈り物が届けられた。名馬十三頭に、鷹三羽である。なかでも鷹は「鶴取りの鷹」と記載があるから珍しいものだったのだろう。だが、この時、信長はどうしたわけか贈り物の受け取りを拒否した。

「いずれもお気に召さず、そのままお返しになった」

公記の記述から、信長の不機嫌さがすけて見える。

北条家は関東の雄だ。関東鎮撫を命じた老齢の滝川一益のことを考えると、決して怒らせてはいけない相手だ。贈り物を拒否するメリットが、微塵でもあるとは思えない。

なぜ受け取らなかったのか、理解に苦しむ。信長の感情の不安定さを示す記事ではないだろうか。ちなみに、信長が家臣からの献上物を受け取らなかったことはあるが、それとは全く意味合いが異なるだろう。外交儀礼的にはありえないことだ。

三月末、信長は占領した武田家領国の定を制定する。

関所での税徴収の廃止を筆頭に、あとは公平な裁判や無理な税徴収の禁止などだ。

特記すべきは、定の中に家臣登用の注意書があることだ。過去にも信長が占領地に定を発布したことはある。天正三年九月に越前の柴田勝家の与力として駐屯する前田利家ら三将に通告したものだ。関所の廃止や公平な裁判など同じような内容が並ぶ。だが、今回は違うことが書かれていた。

「本国（尾張美濃など）の者で奉公を望む者がいればよく身元を確かめ、その者を以前抱えていた主家へ届け、その上で登用すること」

仕官を望む者を無条件で雇うなといっている。これは、どういうことだろうか。仕官を望む者の出身地を、本国＝尾張美濃などと指定しているのが気になる。

天正八年八月に追放した佐久間信盛や林秀貞らの家臣たちのことをいっているのではないか。信盛や林秀貞らが追放され、尾張美濃に所領を持つ家臣たちはその後、信忠軍団に組み込まれたと思われる。信盛死後、息子の佐久間信栄が信忠の旗下になったようにだ。

信忠の直属ではなく、その陪臣になったり、あるいは信忠軍団の他の武将の旗下に所属させられたりした者もいるだろう。

だが、鉢植えの花を植えかえるようにこれらの人事がスムーズにいくとは限らない。新しい主君と反りがあわない者も多いはずだ。あるいは以前よりも低待遇にされた者もいるだろう。彼らは、別の仕官先を密かに探すだろう。今でいう転職活動だ。出奔し牢人になった者もいるかもしれない。

滝川一益、河尻秀隆、森長可ら旧武田領を宛てがわれた織田家の武将たちは、所領の急増により領国経営の人材が不足している。信盛らの元家臣たちは、そこに再仕官の好機を見出したはずだ。

当時は気に入らなければ主人を替えるのは当たり前だが、かといって軋轢がないわけではない。奉公構えといって、ヤクザの世界の破門状や絶縁状に相当する通告をだし、再仕官を妨害することもある。奉公構えを無視して牢人を登用すれば、旧仕官先と再仕官先の仲が険悪になることもある。

そういったトラブルを防止するための信長の定だろう。信長が直臣たちの所領運営に心を配る様子は、現代の経営者たちの苦労とも似ている。

信忠を旧武田領に残し、戦後処理を任せると信長は帰国を決意した。織田領を通った往路とはちがい、復路は駿河遠江三河などの徳川領から帰ることが決まる。富士山を見ながらの帰国だ。

家康領を通り帰国

四月二日——本能寺の変の二ヶ月前——折からの雨だったが、信長は諏訪の陣から出立する。ここからは、織田家臣と徳川家康の接待合戦の様相を呈する。

同日、台ヶ原に到着。滝川一益が御座所と将兵数百人分の小屋を新しく普請。ちなみに、この日北条家からまたしても使者が来て、武蔵野の狩りの獲物の雉子五百羽を受領した。

三日、富士山を見つつ移動。見事な雪化粧であったという。勝頼居城の新府《しんぷ》の焼け跡などを見つつ古府（躑躅ヶ崎館《つつじがさきやかた》）へ到着。宿敵武田信玄の館跡に、信忠が美しい御殿を普請して接待。

この日、信忠が軍勢を動かし甲斐の恵林寺を焼いた。寺中の老若の者をひとりも残さず山門の上に閉じ込めて火をつけたという。理由は、南近江の六角承禎を匿っていたからだ。

信長は古府で東国の政務を命じてから、四月十日に出発。この間に、川中島で反乱がおこり、森長可が鎮圧している。

ここからは家康領に入ったようだ。家康の接待は凄まじい。川に橋をかけ道を整え、多くの兵で厚く警護した。打水までしたというから念入りだ。宿泊する陣屋には柵を二重三重に巡らせた。だけでなく、信長の将兵のために千軒の小屋を普請。

十一日、女坂という難路を登る道だが、家康はすでに道普請を終えていた。峠には茶屋を設けて、接待する。

十二日、異常気象だろうか、その日は冬のような寒さだったという。富士山が見える平原で、信長は小姓衆たちに馬を走らせて楽しんだ。浮島ヶ原というところでは信長自身も馬を走らせて、大宮に入る。家康の接待は前日同様に見事なものだったという。

十三日、田子《たご》ノ浦《うら》などの名所をたずね案内者に説明を求めたという。江尻の城に着。なぜか、この日の夜のうちに信長は出発した。意図は不明である。

十四日、急な信長の到着になったはずだが、家康は慌てない。駿府に差し掛かると、用意していた茶屋で遺漏なくもてなす。様々な名所を巡り、田中城着。

十五日、未明出発。やはり、せわしない。藤枝《ふじえだ》宿で茶の接待。瀬戸の染飯《そめいい》というご当地飯に舌鼓を打ちつつ進む。どんな料理であろうか。大井川を馬で渡る際、家康は水泳巧者を多数泳がせて万が一に備えた。きっと家康や徳川家臣団は、内心では信長に早く帰ってくれないかな、と思っていたはずだ。掛川に着。

十六日、高天神、小山などのかつての武田家との激戦地を見つつ、信長は進む。天竜川には舟でできた橋をかけて家康は待ち受ける。「上古からこのかた、はじめての架橋であった」と公記には記されてある。しかも馬も楽に渡れる丈夫な橋だという。徳川家の土木工事の能力は侮れないものがあると、信長は思ったのではないか。

この時の徳川家奉行三人の内のひとりの名前は、浅井道忠《みちただ》。元は水野家の家臣で、桶狭間で今川義元が討たれた時に家康を助けた男だ。水野家は浅井道忠を派遣して、尾張に取り残された家康が三河へと撤退するのを助けた。信長と何か昔話でもしただろうか。

ちなみに、家康は信長の御座所だけでなく、これまで行く先々で将兵たちの滞在用の小屋も千五百軒ずつ揃えたという。

浜松についたところで、信長は小姓と馬廻に暇をだし、帰国を命じる。山側と海側の二つのルートから、家臣たちは思い思いに帰っていった。

十七日、弓衆と鉄砲衆だけで出発。家康は毎日、茶の接待をするが、今回は御座船での接待だった。なかなかに企画力のある男だ。家康の家来が巧みに周辺の名所を説明したので、信長の機嫌はすこぶるよかったという。吉田着。

十八日、途中の茶屋で、風呂を新しく建設して家康は待ち受ける。本当にあの手この手の接待だ。池鯉鮒《ちりゅう》着。ここで接待のホスト役を水野忠重《ただしげ》に交代。家康の家臣だったが、佐久間信盛の失脚を機に兄の水野信元の旧領を宛がわれ、織田家臣団に組みこまれた男だ。

信長接待のための御座所や道の普請、警備であったが、ある意味では家康の普請能力を信長が試したのかもしれない。道の整備は行軍の速度に影響するし、館普請は砦や城の堅牢さを測るものだろう。四月十六日に家臣たちを山側と海側のふたつのルートから帰らせたのは、来たる将来に徳川家を攻める際の侵攻路を探るためという意味もあるのかもしれない。家康はそれを承知で、かなり無理をして徳川家の力を大きく見せんとしたのではないだろうか。

所領に戻ってからも織田家臣の接待を受けつつ移動して、四月二十一日に安土へと帰りついた。

ちなみに移動距離を調べると、

四月十日　甲府↓右左口《うばぐち》　十二キロメートル
四月十一日　右左口↓本栖　二十三キロメートル
四月十二日　本栖↓大宮　三十一キロメートル

四月十三日	大宮→江尻城	三十四キロメートル
四月十四日	江尻城→田中城	三十二キロメートル
四月十五日	田中城→掛川	三十三キロメートル
四月十六日	掛川→浜松	三十一キロメートル
四月十七日	浜松→吉田	四十キロメートル
四月十八日	吉田→池鯉鮒	五十七キロメートル
四月十九日	池鯉鮒→清洲	三十八キロメートル
四月二十日	清洲→岐阜	三十八キロメートル
四月二十一日	岐阜→安土城	八十五キロメートル

最終日の四月二十一日、信長は岐阜から安土までの八十五キロメートルもの距離を移動している。自領内に見るべきものはないと判断したのだろうか。しかし、その割には途中で何度も織田家臣の接待を受けている。稲葉良通の御座船での茶の接待をはじめ、武田家の人質から帰ってきた織田信房、不破直光、菅屋長頼、丹羽長秀、山崎片家《やまさきかたいえ》らだ。電車もない時代に、一体、どんなスケジューリングだったのだろうか（現代の売れっ子作家の書

店回りよりもハードだ)。

家康饗応

五月前半の公記の記事はほとんどない。織田信孝に四国遠征の総大将を命じて、彼が摂津国の住吉へとついた記事だけだ。

が、信長に大きな動きがなかったわけではない。『織豊期主要人物居所集成』を見てみる。

安土に帰った翌々日の四月二十三日、勅使が信長のもとを訪れている。面会したのは五月六日——本能寺の変の約一月前である。用件は、信長に官位を勧めること。案として、征夷大将軍、太政大臣、関白のどれかに任官するというものだった。信長の考えは不明だ。官位を受けるつもりだったのか、辞退するつもりだったのか。答えをだす前に、本能寺で遭難してしまったからだ。

五月十四日、徳川家康、穴山梅雪が近江に入国。丹羽長秀が接待する。

翌十五日、安土に家康らが着。明智光秀が十七日まで接待。大変素晴らしいもてなしだったという。今もその時の献立が『天正十年安土御献立』として残っている。それを見ると、十五日の「おちつき膳」といって家康到着を祝う宴会、十五日に晩の宴会の「晩膳」、十六日に「御あさめし膳」と朝から宴会、夜に「夕膳」の宴会。この四つの宴会の献立が記載されている。公記では十七日まで光秀が宴会したとあるが、『天正十年安土御献立』には記載がない。

それぞれの宴会の内容は、コース料理のように本膳、二膳、三膳、与（四）膳……などと進むようだ。宴会ごとに膳数がちがう。一番膳数が多いのは、十六日の「夕膳」で、五つの膳の後に御菓子の膳と点心（麵類など）の膳、お添え肴という酒の肴の膳などで構成されている。料理の品数を数えると、四十四種類。魚のすり身を焼いたもの、からすみ、蛸、茹でさざえ、くらげ、鱧《はも》、海老、あわび、鯨汁《くじらじる》、鯉汁《こいじる》、数の子、白鳥、鴫《しぎ》、鷺《さぎ》、瓜、羊羹《ようかん》、栗、くるみなどが、十六日の「夕膳」に出ている。

他の日の宴会では美濃柿や鮒《ふな》、鶴、ほや、鰻《うなぎ》、なまこ、蟹、鮎の寿司、奈良漬、鱒《ます》、ひばり、鰈《かれい》、鱈《たら》、雁、すずきと、まるで日本中の食材を集めたかのようだ。家康が好物だったという鯛も、十五日の「おちつき膳」や十六日の「御あさめし膳」などに出ている。

だが、公記には献立の記載はない。

牛一は衣装や建物の様子などは詳細に記入しているが、どんな料理が出たかはほとんど書いていない。一月前の瀬戸の染飯というご当地飯の記述がある程度だ。食には興味がなかったのかもしれない。

秀吉の中国攻めの記事が挟まれる。高松城を堤で囲み、水攻めを敢行した。水攻めだが、実は何度か戦国時代でも行われている。高松攻め以前では、永禄三年（一五六〇）の桶狭間の合戦があった年に、六角承禎が浅井家の肥田城を水攻めしているが、失敗。高松城以後も天正十二年の竹ヶ鼻城攻め（小牧長久手の戦い）、天正十三年の太田城攻め（紀州征伐）、天正十八年の忍城攻め（北条）などで行われている。堤が破れて攻城側が大きな被害を被るケースの方が多いようだ。

秀吉が五年がかりで取り組む中国攻めに変化が現れる。毛利輝元、吉川元春、小早川隆景の毛利家首脳三将がとうとう出陣したのだ。それまでは、彼らが戦場に現れることはなかった。

これを聞いて、信長は喜んだ。

「敵と間近く接したのは、天の与えた好機である。自ら出陣して、中国の大名どもを討ち果たし、九州さえも平定してしまおう」

信長の鼻息は荒い。当然だろう。信長は天正四年の大坂本願寺との戦い以来、歯応えのある敵とは一度も戦っていない。今までの戦いの空白を埋める時がきた、と喜び勇んだものと思われる。

信長は細かい指示を使者に託し秀吉のもとに派遣し、明智光秀らを先陣としてまず派兵することを決定した。

ここにも、信長の個性が滲み出ている。信長は、他者の能力を評価することに長けており、秀吉や光秀のような低い身分の者を出世させた。が、信長の評価基準はとことんデジタルで、人の温もりや共感性に欠けているのだ。能力を数値化して高い者を抜擢する。ただ、それだけだ。

結果どうなるかというと、共感を欠いた人事がまかり通る。

細川幽斎をかつての食客の光秀の与力としたり、松永久秀をかつて敵対していた筒井順慶のもとにつけたりする。三方ヶ原の合戦の際、家康への援軍の将に佐久間信盛を指名したのもそうだ。この十二年前の桶狭間合戦の時、佐久間一族は最も危険な砦で戦い、結果、長老ともいうべき佐久間盛重が徳川（松平）家康の軍勢によって討死している。家康への援軍を命じられた時、佐久間信盛には少なくない鬱屈が生じたであろう。

今回、光秀を秀吉のいる中国戦線に先遣させるという命令もそうだ。光秀と秀吉は四国で代理戦争をしている仲である。先述したように、四国では長宗我部元親と三好康長が激しく争っていた。元親の正室は光秀の腹心の斎藤利三の義妹で、一方の三好康長には秀吉の甥の三好孫七郎（後の豊臣秀次《とよとみのひでつぐ》）が養子に入っている（三好孫七郎の養子入りは天正十年以降という説もある）。きっと、ふたりは元親と康長に少なくない援助をしていたはずだ。その援助をもとにして、元親と康長は四国で熾烈な争いをしている。つまり、光秀と秀吉の代理戦争が四国で勃発していたのだ。

信長は、元親ではなく三好康長を支援することを決定。子の信孝を総大将として渡海を命じる。残っている文書を見ると、当初は信長も渡海するつもりだったようだ。


「その他、両国の儀、信長淡州へ至り出馬の刻、申し出ずべきの事」


五月七日付の信孝への書状である。両国というのは、元親支配の土佐と伊予のことだ。

五月七日の時点では、少なくとも淡州——淡路島には出馬する意思が信長にはあった。が、中国戦線の一報を聞いて、光秀に秀吉への援軍を命じて自身も四国ではなく中国へと行くことを決意する。

光秀にとっては、信長が来るまでのわずかな期間とはいえ代理戦争を演じる一方の首魁の秀吉の指図を仰ぐことになる。屈辱以外の何物でもないだろう。また、信長が四国方面出馬へと方針転換する恐れもある。ありえないことではない。実際に元親に四国切り取り自由としながらも、方針転換した過去がある。それに比べれば、微々たる変更だ。そうなると、光秀は代理戦争の敵である秀吉の采配のもとで戦うことになる。

信長としては部下の能力を私情を挟まずにデジタル的に判断し、最適の人物を派遣しただけだろう。が、人はロボットではない。仕事に共感すれば、能力以上の働きをする。逆にいえば、共感できなければ能力を下回る働きしかしない。佐久間信盛が家康への援軍でろくに働かなかったように、だ。秀吉のような人誑しならば、そこで鬱屈を持つ部下にフォローの一言をいれたり、あるいは両者を競争させるように持っていくなど情感や共感に訴える人事ができる。が、信長はちがう。秀吉が手柄をあげた時、褒美を渡すように家臣にいいおいて城を不在にし、鷹狩りをしてしまう男である。情感の面でのフォローをしたとは思えない。

だ。

愛宕山のお神籤の真相

十七日——本能寺の変の十四日前——光秀が安土城から坂本城へと帰る。戦支度のため

十九日、家康を幸若舞と能で接待。二章でも言及したように、丹波猿楽（能）の梅若大夫が出来のよくない能を披露してしまう。信長は叱責するが、褒美の金は与えたという。「褒美を惜しんでいると世間に思われるのも外聞が悪い」という理由である。

外聞を気にするようになったのか、と少しだけ大人になった信長の成長を感じた。この日が本能寺の変の十二日前。

なお、叱責された梅若大夫は丹波に所領を持っており、光秀とも関係が深かったようだ。信長から寵愛を受けた能役者ではあったが、本能寺の変では光秀に与して戦った。結果、山崎合戦で討死してしまう。この時の叱責がなければ、あるいは梅若大夫の運命は変わっていたかもしれない。

五月二十一日——本能寺の変の十日前——家康が京、大坂、堺見物のために安土を出発。四国征討準備で忙しい織田信澄、丹羽長秀らに信長は家康の接待を命じる。信長は死ぬ十

日前でもやはり人遣いが荒い。

五月二十六日――本能寺の変の五日前――光秀が坂本から亀山城へと移る。

二十七日――本能寺の変の四日前――光秀は亀山から京の愛宕山へ参詣。公記の記載では「思うところあってか、二度、三度おみくじをひく」とある。三度くじを引いたと思っていたが、二度の可能性もある。二度と三度では、随分と印象が変わってくる。

神意の確実性を上げるために、お神籤《みくじ》を複数回ひく風習は実際にあったようだ。これより約百五十年前の永享五年（一四三三）、『新続古今和歌集』を作成するか否かをお神籤で決定した。この時、二つの神社でそれぞれ三度ずつ、計六回もひいたという。結果、決行の札が五枚、否の札が一枚で、撰集が作成されることになった。神意の多数決をとるというのは、今の私たちからすれば奇妙な風習だが、当時はそれほど珍しくなかったようだ。

とはいえ、光秀に神頼みはあまり似合わない。光秀は比叡山延暦寺焼き討ちでも活躍したといわれ、どちらかというと神仏を迫害する側の人間だ。

ただ、光秀が出世のきっかけを掴んだ時、お神籤と同じような神事が重要な役割を果たした。永禄十二年（一五六九）の本圀寺合戦のことだ。公記の巻二にも記載があるように、将軍の足利義昭は三好三人衆ら反対勢力によって本圀寺を包囲される。この時、敵を退却させる活躍をしたのが光秀だった。『武家事紀』によると、入札という神事で重要拠点の守備を人選したという。簡単にいうと多数決による人選だ。当時は容疑者不明の犯罪が発生すると神前に村人全員を集め多数決で容疑者を決定するなどしており、入札はお神籤と同じく神意が宿る行為だったと予想される。この時、十七枚の札を集めて警護役についたのが光秀だった。見事に敵を退散させ、これをきっかけに光秀は信長にも認められていく。

光秀にとっては、過去の成功体験があったがゆえの愛宕山での神事だったのかもしれない。信長を討つための並々ならぬ覚悟が見てとれる。

二十八日――本能寺の変の三日前――愛宕山で連歌会《れんがかい》を光秀は開く。戦勝祈願のための会だったと思われる。百韻詠んで、亀山へ帰城。

二十九日――本能寺の変の二日前――織田信長が上洛。粟田口で公家たちが出迎えたという。十四～十六時ごろ着らしい。本能寺に泊まる。

五月は、この二十九日が晦日だ。

信長討滅の軍勢出発

翌六月一日――本能寺の変の一日前――夜になって光秀は、家臣たちに謀反を打ち明ける。とうとう、信長を討つ軍が城を出たのだ。

当初は中国への援軍を装い、西へ進軍したと思われる。

そして、「途中から引き返して、馬首を東に向け変え」た。いぶかしむ兵たちに「老の山（沓掛《くつかけ》）へのぼり、山崎をへて摂津の国へ出兵したい」といったという。

慎重な行動だ。いきなり東に兵を向けては叛意が全将兵の知るところになる。あるいは信長が密かに目付役をつけていないとも限らない。亀山城の民や守兵たちもいぶかしむだろう。東に直接兵を進めて信長に注進されれば、謀反は水泡に帰す。また光秀麾下の兵も、標的が信長と知ればさすがに裏切る者もでるだろう。直前まで企みを秘する必要があった。

まず予定通り中国への道を進み、途中で東へ馬首を向ける。そして山崎→摂津経由で中国に救援にいくと触れをだす。

老の山（沓掛《くつかけ》）で、分岐路についた。右は山崎へと進む道。左は京へと出る道。ここで光秀は進路を左にとる。とうとう、京にいる織田信長へと軍兵を向けたのだ。これでもう引き返せない。

亀山城から本能寺までは、約二十キロメートル。分岐点の老の山から本能寺までは、約十一キロメートル。本能寺までの道程の約半分を「山崎経由で高松城へ行く」と宣言することで、兵士たちに中国への援軍だと信じこませることができた。

さて残りの十一キロメートル、いかに兵たちを騙すかだが、さすがに進路が京にとられたことで異変に気づかれたようだ。

光秀は兵士たちに目的を気付かれないように「信長にいかに立派な軍勢を率いているか見せたい」と嘘をついたとルイス・フロイスの日本史にある。さらに「信長にいかに立派な装備かを見てもらうために、火縄銃に火をつけて待機しろ」と命じたという。かなり苦しい言い訳だ。

この時、光秀軍にいた武者が書いた『本城惣右衛門覚書』という文書がある。白峰旬氏が現代語訳しておられるので、それを参考に大意を記してみる。（以下、同覚書の大意は、白峰旬「『本城惣右衛門覚書』全文現代語訳」／『十六世紀史論叢　第13号』による）

信長様に腹を召させたとは、夢にも思わなかった。その時、太閤（秀吉）様は備中で輝元殿と争っていた。それへのすけ（援軍）に明智光秀が行く、とのことをいった。（光秀軍は）山崎の方へと目指し、思いがけず京へ（進む）と言った。私はその時、家康様がご上洛していたので、家康様とばかり思っていた。本能寺というところも知らなかった。

「家康様がご上洛していたので、家康様とばかり思っていた」という部分を、今までは「家康を討つ」という風に解釈してきた。

白峰氏は、前後の文脈――太閤（秀吉）様は備中で（毛利）輝元殿と争っていた。それへのすけ（援軍）――から、光秀が徳川家康への援軍のために向かったと兵士たちが勘違いしたのでは、という説を提示しておられる。とても興味深い話だ。

ちなみにこの頃、家康は堺にいて京にはいない。

『本城惣右衛門覚書』によると、本城惣右衛門は本能寺に突入した時点でも討つ相手が信長だと気づかなかったという。「信長様に腹を召させたとは、夢にも思わなかった」という表現からも、信長が横死してしばらくしても誰を襲っていたかを理解していなかったようだ。

本城惣右衛門は斎藤利三やその息子とも対面しており、白峰旬氏は士官クラスだと予想している。それほどの地位の武者でも、攻撃対象を知らされていなかったのだ。光秀軍の軍規の厳しさが察せられる。と同時に、当時の武者のメンタリティも垣間見える。命のやりとりをする敵が誰であるかは全く重要でなく、相当ドライな心持ちで戦っていたようだ。

ちなみに、ルイス・フロイスの日本史では、光秀の軍勢は家康を討つものだと思っていたという。記述を抜き出すと以下のようになる。

「兵士たちはかような動き（火縄銃に火をつけるよう命じた）をなんのためか訝り始め、おそらく明智は信長の命に基づいて、その義弟である三河の国主（家康）を殺すつもりであろうと考えた」

本城惣右衛門らが、家康を討つためと思ったのか、家康への援軍のためだと思ったのかは、史料をどう読むかによって変わるが、唯一絶対のことは彼らが〝信長を殺すとは思っていなかった〟ことだ。当たり前だが、これが光秀にとっては一番重要だった。これを兵士たちに悟られると、間違いなく軍を抜けて信長に密告されるからだ。

騙しおおせたのは、それまでの光秀の努力が実を結んだからに他ならない。

ルイス・フロイスはこう光秀のことを評している。

「彼は誰にも増して絶えず信長に贈与することを怠らず、その親愛の情を得るためには彼を喜ばせることは万事につけて調べているほどであり、彼の嗜好や希望に関してはいささかもこれに逆らうことがないよう心掛け、彼の働きぶりに同情する信長の前や、一部の者がその奉仕に不熱心であるのを目撃して、自らはそうでないと装う必要がある場合などは涙を流し、それは本心からの涙に見えるほどであった」

光秀は信長に献身的に奉仕する姿を常に見せつけており、そのためには涙をみせることも躊躇しなかった。ちょっと文意が摑みにくいが、同僚の織田家家臣が怠けているのを目撃した時、涙を流してその者の信長への忠心の足りなさを非難したようだ。

佐久間信盛が天正元年に信長に叱責された際、悔しさのあまり流した涙とは真逆のものだ。

あるいは光秀が涙した〝奉公に不熱心である同僚〟とは佐久間信盛だった——としたら面白いのだが、さすがにそれは出来過ぎかもしれない。

他人の信長への働きぶりが少ないだけで涙を流す光秀が、まさか信長を裏切るまいと家臣や兵士たちは思った。ならば、今京へと進軍するのは信長の命令だと、ごく自然に判断した。では、何をしに？　火縄銃に火をつけたということは合戦だ。

そういえば、家康が先日、安土城を訪れていた。きっと我々は家康を討つのだ。

こう兵士たちは考えたかもしれないし——

家康様の采配で、京にいる誰かを粛清するのだろう。そういえば、穴山梅雪も上洛していたな。奴は元武田家の重臣だ。きっと家康のために穴山を亡き者にするのだろう。

と考えたかもしれない。

本能寺まであと十一キロメートル——所要時間にして二時間ほどで到着という場面で、光秀が兵士についた嘘は子供騙しだったが、ペテン師としての普段の勤勉さがここで役に立った。光秀にとっては嬉しい誤算だったろう。

こうして光秀は、極秘裏に臨戦態勢で本能寺を包囲することが可能になった。

夜が明けたのは、桂川を越えたところだった。

桂川から本能寺までの距離は、約五キロメートル。所要時間は、約一時間。

光秀は本能寺を取り囲んだ。

いかにして攻めたか。『本城惣右衛門覚書』を見てみる。

本能寺の南にある堀際の本道の端に人がひとりいたのを討って、そのまま首を取った。

本能寺の門は開いており、鼠一匹いなかった。首を持って本能寺に入ると、明智秀満の部下らしき母衣武者ふたりが北からやってきて、「首は討ち捨てろ」といった。私はお堂の下へと首を投げいれ、さらに深く侵入した。広間には誰もいなかった。蚊帳だけがつられていた。庫裏（台所）の方から、下げ髪をして白い着物を着た女がきた。その女を捕らえたが、侍はいなかった。

「上様は白い着物を召しているだろう」とその女が言ったが、上様が信長様とは思わなかった。その女は斎藤利三様へ渡した。やはり、鼠一匹いなかった。

信長様のご奉公衆が、袴肩衣で股立をとり、二、三人が入ってきた。また、敵の首をひとつとった。（新たに信長方の武者が立ちはだかり、）その者は、ひとりで奥の間より出てきて、帯もせず、刀を抜き、浅葱（色の）帷子にて出てきた。その時には、すでに多くの味方が入ってきていた。それを見て信長方は崩れた。私は蚊帳の陰へ入り、出てきた武者を通りすぎ様に背中から斬った。首をふたつ以上とることができた。褒美として槍をもらった。その時の私は、野々口西太郎坊の配下である。

覚書の本能寺の変の部分の描写は、ここで終わっている。

一読した印象としては、激しさよりも静寂を強く感じる。要人暗殺の特殊部隊が密かにターゲットに近づくような不気味な静寂だ。実際に、本城惣右衛門は本能寺のすぐ外の南の堀際でひとりの武者をすでに討っている。にもかかわらず敵からの応戦もなく、本城惣右衛門は南から侵入し、すぐに反対側の北から侵入した味方と落ち合っている。かなり深い部分にまで侵入しているので、実際に要人暗殺のように要所で見張りを粛々と殺害していったのだろう。もし、包囲→一斉攻撃という手順を踏んでいれば、さすがに信長方も激しく抵抗したであろう。反対側から侵入した味方と落ち合うのも、もっと難しくなったはずだ。

ルイス・フロイスの日本史でも同様のことが書かれている。

「明智の軍勢は御殿の門に到着すると、真先に警備に当たっていた守衛を殺した。内部ではこのような叛逆を疑う気配はなく、御殿には宿泊していた若い武士たちと奉仕する茶坊主《ラバードス》と女たち以外には誰もいなかったので、兵士たちに抵抗する者はいなかった」

本城惣右衛門の覚書の描写と共通点が多い。さらに日本史はこう続く。

「この件で特別な任務を帯びた者が、兵士とともに内部へ入り、ちょうど手と顔を洗い終え、手拭いで身体をふいている信長を見つけた」

日本史には、この前にも「たまたま起こった何らかの騒動ぐらいにしか思われず」と京の町の人たちの様子を描写している。信長たちだけでなく、京の町の人々をここまで騙しおおせた光秀の手腕はさすがという他ない。「特別な任務を帯びた者」とあるので、手際の良さを考えるといつかこういうことがあると密かに特殊部隊を訓練していたのかもしれない。

本能寺近くにある教会にも騒動が聞こえ、それを当初喧嘩と判断した。そこから鉄砲の音が聞こえ火の手が見えるまで、かなり長い時間がかかっていることも日本史には描写されている。本能寺を包囲してなお隠密を重要視したのは、妙覚寺にいる織田信忠らが手勢を率いて駆けつけるのを警戒したためだろう。

記述が騒々しくなるのは、本城惣右衛門が信長方の侍女を捕まえて、斎藤利三に引き渡してからだ。ここから激しい戦闘が繰り広げられたのだろう。

公記の記述を見てみる。信長側は、最初は喧嘩だと思っていたという。が、すぐに明智の仕業とわかったようだ。

多勢に無勢、信長たちがかなうはずがない。

厩から勇敢に打ってでる武者たちもいたが、すぐに斬《き》り死《じに》してしまう。その中には、伴正林、村田吉五という者もいた。相撲取りで、天正六、七年の相撲興行で活躍し、百石で家臣に取り立てられていたのだ。本能寺の変の時は、二十一、二歳の若者である。

伴正林ら厩からでた二十四人は、あえなく全滅。

信長のいる御殿には、森乱はじめ二十七名ほどがいたと公記には記されている。信長の兵力は、厩にいた者も含めると五十人を少しこす程度だったのだ。

そのうちの湯浅甚介《ゆあさじんすけ》、小倉松寿《おぐらまつじゅ》は、本能寺宿泊組ではない。町の宿に泊まっていたが、一報を聞き駆けつけた。が、すでに明智軍が包囲している。大胆不敵にも二人は明智軍になりすまし、信長のいる御殿まで救援にかけつけたという。いや、救援ではなく殉死のためというべきか。

信長は弓で光秀軍に応戦、弦が切れたので次は槍で戦うが肘に傷を受けた。ここで信長は観念する。

「女たちはかまわぬ、急いで脱出せよ」

そういって、女中たちを脱出させた。癇癪を起こし女中を成敗することもあったが、最後の信長の台詞は見事という他ない。

本能寺奥深くの納戸に鍵をかけ、信長は自害。享年は四十九歳。

案外に、公記の記述は淡々としている。生存者がほとんどいなかったからかもしれない。

次に光秀は妙覚寺にいた信忠を攻めるが、そちらの方に紙数を割いている。親王がいる二条御所に移り、信忠は抗戦を決意した。だが、光秀は隣の近衛邸に兵をいれる。屋根の上から散々に鉄砲を射掛けたのだ。まさか明智軍が近衛邸に兵をいれるはずがないと、信忠たちは思っていたのだろうか。あるいは、信長と親交のある近衛前久は中立を堅持すると楽観していたのかもしれない。認識が甘かったという他ない。

二条御所への侵入を許し、信忠も観念する。鎌田新介という男に介錯を頼み、果てた。この鎌田新介は、軍令違反で信長に追放された過去がある。五章で書いた平野甚右衛門や川崎金右衛門と同じタイミングでの追放だった。信忠から仕官の声がかかり、その家臣となった。恩人の介錯をするとは、何という因縁だろうか。この後、鎌田新介は二条御所から逃げ延び、後に福島正則《ふくしままさのり》の部下になったという。

信長が鷹を下賜した息子の織田信房も二条御所で討死した。公記の記載は、津田源三郎とある。鎌田新介のように二条御所の生き残りがいたせいだろうか、信忠討死の公記記事は充実している。

日が明けて、六月二日、午前八時ごろ、主君を討ち果たした光秀は落武者狩りへと移行する。中国出陣を控え、京の宿に泊まる信長家臣たちが多くいたのだ。

さて、安土城である。信長遭難の一報はすぐに伝わった。同日の午前十時には、信長父子生害《しょうがい》の噂が聞こえてきたという。面白いのは、最初のうちは噂が聞こえても誰も声をあげなかったことだ。目と目を見合わせて黙っていた。

人々の困惑する様子が目に浮かぶようだ。が、すぐに安土城下は騒然となる。本能寺生き残りの下男が、安土城へと駆け込んだのだ。

「自分自身の進退に取り紛れて、信長公信忠卿のご自害を泣き悲しむ者はいなかった」

公記の筆は、実にドライに当時の混乱を伝えている。

城の人々は次々と逃亡を開始し、なかには城下屋敷に火をつける者もいた。蒲生氏郷の父親の蒲生賢秀《かたひで》が、信長の夫人や幼い子を落ち延びさせることを決める。息子の蒲生氏郷に連絡し、そのことを提案したのが六月三日の午後二時。夫人たちは安土城に火をかけるようにと、武士の女らしく勇ましいことをいう。しかし、蒲生賢秀が拒否。

「虚しく焦土と化せさせるのは恐れおおいこと（中略）世間の嘲りをうけるだけ」

安土城をそのままにして退去していった。公記には記載はないが、それから十二日後の六月十五日、安土城は炎上。出火の原因は不明である。

最後に、徳川家康らが堺から宇治田原越えで桑名、熱田と帰りついたことを記して太田牛一は『信長公記』の筆をおいている。

第九章　本能寺の変の首謀者は明智光秀ではない

明智か惟任か

ここで、ひとつだけ書いておきたいことがある。

本能寺の変を起こしたのは、明智光秀ではない。

では、誰か。

惟任光秀である。より正確に書くと、惟任日向守光秀だ。

明智光秀は、前述したように天正三年七月に賜姓任官で、惟任日向守光秀となった。だから、正確を期すならば、明智光秀ではなく惟任光秀が本能寺の変の首謀者と書かなければならない。

もし本能寺の変の首謀者を明智光秀とするなら、光秀を山崎の合戦で倒した男も木下藤吉郎と記さねばならないはずだ。もちろん、光秀をたおしたのは、木下藤吉郎とはどの本にも書かれていない。羽柴秀吉、あるいは豊臣秀吉と書かれているだろう。

そもそも、当時、光秀は何と呼ばれていたのか。

『織田信長文書の研究』にある書状などを見る限り、光秀が天正三年七月以降に惟任姓を賜姓されてから、明智と名乗った、あるいは書状で書かれたのは、直後の八月六日に信長が発行した書状に「明智日向守」とあるだけだ。その他には、一点だけ年次不詳の十二月二十九日の書状があり、これが「明智光秀」と表記されている。『織田信長文書の研究』には天正三年に比定しているので、それをいれると二点だけとなる。

光秀が出した書状も、光秀が受け取った書状も、先にあげた例外の他は全て惟任と記されている。ちなみに、ごく初期の頃は「惟任」ではなく「維任」と書かれている。「明智」のことを「明知」と光秀が署名している書状もあるので、名前の表記のこだわりは大きくはなかったようだ。

貴族の日記などを見ても、惟任という表記の方が多いように感じる。本能寺の変を記した貴族の日記をいくつか例にとってみる。

『多聞院日記』は「信長京都において生害」とあり、次に「惟任ならびに七兵衛申し合わせ」とある。七兵衛は織田信澄といって、光秀の娘を娶った織田一族だ。父は信長弟の信勝。つまり、信長に殺されている。光秀と信澄が申し合わせて本能寺の変を起こしたと書いている（信澄の関与については、誤報だったといわれる）。翌日の日記では姓を書かずに「日向守」とだけ記して、光秀のことを表現している。さらに、山崎合戦の四日後の十七日の日記に「惟任日向守は十二日に勝龍寺より逃げて、山階（山科）にて一揆にたたき殺され」と一連の結末まで明智とは表記していない。

『兼見卿記』には六月二日の日記に「惟任日向守謀叛を企てる」とある。その後は「日向守」「向州」あるいは惟任日向守の略の「惟日」とのみ記載し、そして十五日に「向州、醍醐寺辺りにおいて一揆に討ち取られる」とある。

『言経卿記』は六月二日の日記に「前右府（信長）のいる本能寺へ、明智日向守、謀叛により押し寄せ」とある。これだけ明智姓だ。が、十一日後の十三日の日記には「惟任日向守、山崎において合戦し、すぐに敗退」とあり、つづく十五日には「惟任日向守醍醐辺りに隠れ」とあり、最後に郷人一揆に討たれたと記している。

こうして見てみると、明智と書くのはかなりレアケースだったようだ。

事実、公記を読むと、名前の表記は徹底している。

明智光秀の最初の登場は、永禄十二年（一五六九）一月四日の本圀寺合戦だ。信長に擁立された足利義昭の本圀寺が敵に囲まれ、立て籠もる人々の名前を列挙している。その中に「明智十兵衛」と記されている。

そこからは「明智十兵衛」や「明智」、あるいはごくたまに光秀などと書かれている。

天正三年七月の任官で、これ以後、光秀のことは〝惟任日向守〟と公記では書かれる。たまに〝惟任〟と姓だけであったり、〝日向守〟などと官位だけで表記されている。直前の文で〝惟任日向守〟と出ているので、省略したものと思われる。

光秀を討ってから、秀吉はその一部始終を記した書物を大村由己に書かせる。題は『惟任退治記』となっている。やはり、当時、光秀は惟任姓の方が一般的な呼称だったのだろう。一体、どうして、明智という名前にすりかわったのだろうか。

『豊臣秀吉文書集』を見てみると、羽柴秀吉の書状の中では光秀のことは明智と表記されている。

天正十年、本能寺の変の八日後の六月十日に中川清秀に送った書状には、

「明智は、久我のあたりに陣をしいている」

と記している。

六月十一日の松井友閑への書状には、

「明智め、此表へ相動之由候之条」

とも記している。

これだけ惟任姓が浸透しているのに、どうして秀吉は〝明智〟と旧姓で呼んだのだろうか。信長を殺した男が信長から賜った姓を冠するのが、我慢ならなかったのかもしれない。

そうして見てみると公記の記載も奇妙で、明智光秀が惟任日向守光秀になってから、また明智表記に変わる瞬間がある。

巻十五の31、本能寺の変の前日の記事だ。冒頭は、惟任日向守光秀と記載されている。

「六月一日、夜に入って、丹波の亀山において惟任日向守光秀は信長公への謀反を企て、明智左馬助、明智次右衛門、藤田伝五、斎藤内蔵助《くらのすけ》（利三）らと相談して（後略）」

このように本能寺の前夜は、まだ惟任日向守光秀と記載されている。

次に、この記事中で表記が変わる。

「六月一日夜になって、明智一行は老の山へのぼった」

惟任でなくて明智姓に戻っているのだ。

その後は次の記事で「光秀らは、はやくも信長公の御座所である本能寺を取り巻き」とあり、信長の「さては謀反か、いかなる者の仕業か」という問いに森乱（蘭丸）が「明智の手の者と思われます」と答えている。次に出てくるのは、二城御所の信忠を攻める場面。

「明智日向守の軍兵が攻め込みはじめてきた」

とうとう完全に惟任姓を否定されてしまった。惟任姓を否定するならば、天正三年に同時に任官された日向守の官位も否定するべきではないのかと思ってしまう。確かに信長を討った男が、明智十兵衛ではしまらないのは確かだが……。

これまで惟任と書き続けた公記作者の太田牛一は、なぜ書きなれぬ「明智」と記したのだろうか。あるいは、少し考えを飛躍させて、なぜ森乱は光秀のことを「明智の手の者」と信長に報告したのか。

森乱が信長に仕えたのは、本能寺の変の五年前の天正五年から。このときすでに、光秀は惟任姓を賜っている。政権中枢にいる森乱が、光秀のことを明智と呼ぶはずがない。

明智姓の家臣たち

なぜ、森乱は慣れぬ明智と呼んだのか。

あるいは、別の明智のことではないか、と妄想してみる。

というのも、光秀は自分の部下に積極的に明智姓を名乗らせている。先ほど公記の記事で光秀が謀反を打ち明ける場面、明智姓の者が二人いた。明智左馬助（秀満）、明智次右衛門（光忠）だ。光秀部下の明智姓の例を挙げれば、

明智（三宅）秀満
明智光忠

明智（溝尾）茂朝
明智（三沢）秀次
明智（杉生）孫十郎
明智（猪飼）秀貞
明智（小畠）国明、永明親子
明智（須知）九太夫
明智（並河？）掃部
明智（高山）次右衛門
明智（佐竹）秀慶
明智（斎藤）三存

などだ。（　）内は、明智姓になる前の苗字、？とあるのは推定だ。

「本能寺の変の戦功第一」といわれる斎藤利三も、明智姓をもらったと書いた本もある（が、その記載自体が何の資料をもとにしたかは不明）。ちなみに一番末尾にあげた明智（斎藤）三存は、利三の子である。息子が明智姓をもらっているなら、父も名乗っていてもおかしくないかもしれない。

こうして見ると、かなりの数の武将が明智姓をもらっていることがわかる。これから考えても、やはり光秀は部下の明智と区別するためにも、惟任と呼ばれていたはずだ。

そこで、こう妄想してみた。

森乱は惟任光秀が反乱を起こしたと思ったのではなく、その配下の明智姓をもらった武将たちの犯行と思ったのではないか。それゆえに「明智の手の者です」といったのではないか。

では、なぜ光秀の部下の明智が、信長を弑逆しようとしたのか。

理由のひとつに、信長からの惟任家臣団への強烈な干渉があったからではないか。

稲葉家との軋轢

『稲葉家譜』という稲葉家の歴史書にこんなことが書いてある。

那波直治という稲葉家の家臣が出奔し、光秀に仕えた。当主の稲葉良通は激怒した。すでに那波直治だけでなく、前例があったからだ。実は斎藤利三も元は稲葉家家臣で、そこを出奔し光秀に仕えている。理由は主君の良通と仲違いしたからだ。稲葉良通は信長に訴えでた。信長は良通を是とした。那波直治を稲葉家に返し、だけでなく利三は自害させるよう光秀に命令した。

そんな時に、猪子兵助という家臣が執りなして、利三の一命は助けられた。しかし、信長の怒りはおさまらず、光秀を激しく打擲したという。この時、光秀は付け髪をしており、外れてひどく恥をかかされた、とある。

それを恨んでの本能寺の変の凶行であった。

このように『稲葉家譜』は、光秀が本能寺の変へ至る経緯を説明している。『稲葉家譜』はそれほど信憑性の高い本ではないというが、『当代記』にも斎藤利三のことを「信長勘当の者」と書いてある。信長に内密で、光秀が斎藤利三を抱えおいたとも記載されている。斎藤利三と信長の間で遺恨があったのは確かなようだ。天正八年ごろには、津田宗及の茶会に利三は頻繁に顔を出しているので罪は許されたようだと『織田信長家臣人名辞典』にある。

が、信長は遺恨を忘れてはいなかった。

許し難かったのは、稲葉家から惟任家への移籍だろう。

武田家を滅ぼした後に、信長が出した定を思い返してほしい。

「本国（尾張美濃など）の者で奉公を望む者がいればよく身元を確かめ、その者を以前抱えていた主家へ届け、その上で登用すること」

信長は、この定を光秀配下の利三にも適用したのではないか。稲葉良通は美濃に所領を持っており、斎藤利三も美濃の出身だ。定通り稲葉家に問い合わせれば、当然のごとく利三の移籍は認められないだろう。利三を抱える光秀は、稲葉家と信長に対して相当な軋轢を生んだと予想される。

他にも光秀のもとには、柴田勝定《かつさだ》という武将がいたという。柴田勝家の一族で本拠地北庄城の城代も務めるが、斎藤利三の娘婿という縁を活かしてか光秀に転仕した。

勢力拡大のためには、他家からの人材を貪欲に吸収する野心家の光秀の姿が垣間見える。また、そんな人材が山崎合戦でも奮戦していることを見ると、人望もあったのだろう。負傷した家臣を気遣う光秀の書状も多数残っている。ただ、その優しさが仇となり、織田家の宿将たちとはかなりの軋轢があったようだ。

利三出奔の理由

では、なぜ斎藤利三は稲葉良通と仲違いしたのか。良通の娘を利三は娶っており、ふたりは義理の親子の仲だ。

斎藤利三の一族はどんな前歴を持っていたのか。斎藤姓ではあるが、斎藤道三とは血のつながりはない。利三の斎藤家は、油売りからのし上がった道三よりもずっと由緒正しい斎藤家だ。利三の斎藤家を前斎藤家、道三の斎藤家を後斎藤家という。

前斎藤家はもともと美濃国名代といって、国司を補佐する役目を担っていた。国司とは、地方にある朝廷領を管理する役職のことだ。

足利尊氏《たかうじ》が室町幕府を開いた頃、美濃の地を支配したのが土岐《とき》家だ。明智光秀は、この土岐家の支族である。

当時は守護が土岐氏、補佐する守護代が富島氏で、前斎藤一族はその配下に甘んじていた。が、文安元年（一四四四）、京にある土岐館で守護代の富島氏が暗殺された。実行したのは、前斎藤家の宗円《しゅうえん》という男だ。さらに残党を掃討して、美濃国守護代の地位についたのが宗円の次代の利永《としなが》の時のこと。

斎藤利永の頃に、土岐家にお家騒動が勃発。利永はそれにつけこみ、守護の座に土岐成頼という男をつけた。この成頼だが、一説には丹波守護一色氏から養子に迎えいれたともいう。それが本当であれば、土岐成頼は土岐家の血を引いていないことになる。

斎藤道三が父子二代で美濃の国盗りをしたというが、何のことはない、それ以前には前斎藤氏が美濃を事実上我が物にしてしまっているのだ。

この前斎藤氏が最盛期を迎えるのは応仁の乱のころで、斎藤妙椿《みょうちん》という英雄が現れた。奈良興福寺の大乗院主は「東軍西軍の勝敗は、妙椿の動き次第で決まる」と書いているほどだ。文明五年（一四七三）には西軍が東軍と和睦を図ろうとしたが、妙椿の反対で潰えている。

そんな妙椿は、名前からわかるように出家していた。僧位は権大僧都《ごんのだいそうず》で、これは官位になおすと従三位にあたる。実際に彼の署名には「法印従三位妙椿」とあり、嫌味なほど従三位を強調している。というのも、主君である土岐成頼は美濃守なので、官位は従五位でしかない。ここにきて、妙椿率いる斎藤一族は守護を凌駕する官位を手に入れた。

が、栄華は長く続かない。次代の斎藤妙純が近江を攻めた時、郷民一揆に巻き込まれ、妙純とその後継者、美濃の有力家臣の多くが死んでしまう。

この間隙をついたのが、斎藤道三の父親である。名前は秀吉のように出世するごとに変わるが、最後は長井新左衛門尉といったようだ。長井は前斎藤家の有力家臣の苗字である。長井新左衛門尉は、もとは日蓮宗の坊主だったが、次々と政敵を滅ぼし、とうとう息子の道三の代で守護代について斎藤姓を名乗るようになる。

後斎藤氏の誕生だ。

守護代で京にも名を轟かせた前斎藤一族は没落し、斎藤利三がなんとか稲葉良通の部下となって命脈をつなげる状態だった。

ちなみに稲葉良通の稲葉家は、祖父の代に土岐家の食客となっており、前歴が不確かな一族だ。四国の大名河野氏の一族らしいが、本当だろうか。

稲葉良通の姉が斎藤道三に嫁ぎ、子の義龍を産んだ幸運もあり、良通は道三に重く用いられた。道三と義龍の父子相克の戦いでも、勝馬の義龍にのり生きながらえた。織田信長が美濃を侵した時は、西美濃の有力者たちとともに信長に降った。そして、織田家の有力武将となる。実に見事な処世術だ。

そんな稲葉良通の下にいたのが、斎藤利三だ。前斎藤家の血をひく利三は、前歴の不確かな稲葉家ごときの下風に立つことに抵抗があったのではないか。稲葉良通の娘を娶ってはいたが、主従の関係は険悪だったという。

そして、とうとう斎藤利三は稲葉家を出奔する。

斎藤利三は、信長ともあわなかったはずだ。前斎藤氏を滅ぼしたのは斎藤道三で、その娘婿の信長は道三の助力で何度か危機をしのいでいる。道三の娘が信長に嫁ぎ同盟を締結することで、土岐家は完全に下克上された。守護代の斎藤一族も同様に没落しただろう。道三の寵愛を受けた信長に、斎藤利三が好意を持つとは思えない。

倭国伝の二人のアケチ

ひとつ、面白い史料がある。日本の史料ではなくて、中国の史料だ。中国の歴代王朝は『倭国伝』という歴史書を編んでいて、卑弥呼の時代から連綿と続いている。明朝の『倭国伝』に興味深い記載がある。

「信長の参謀に阿奇支《あけち》という者がいたが、信長の機嫌を損ねた。信長は秀吉に命じ、兵を率いて彼を討伐させた。ところが信長は家臣の明智の不意打ちにあって殺された」

阿奇支と明智のふたりの〝あけち〟が登場するのだ。

さらに『倭国伝』の記述を読むと——

「秀吉はその時、阿奇支を滅ぼしたところだったが、変事を聞くと軍を引き返して、明智を誅殺した」

文章は講談社学術文庫の『倭国伝』を適宜改変して抽出したが、そこには「明智と毛利家を誤記した」と注釈がある。

だが『倭国伝』には豊臣秀吉のことも書いてあり、そこには「木の下で信長に見出されたために、最初は木下人と呼ばれた」とある。逸話の信憑性はともかく、秀吉が木下姓だったことを把握するなど、名称の表記はかなり正確だ。

また、毛利家を阿奇支と間違ったというが、毛利家は朝鮮出兵に参加しており、明国にとっても馴染みのある名前で、間違えるとは思えない。

ということは、阿奇支と明智、少なくともふたりの〝あけち〟が信長の配下にいたのではないか。

明智姓をもらった部下と、惟任（明智）光秀と解釈すれば矛盾なく通じる。惟任光秀が明智姓をもらった自分の部下を救うために挙兵した、とも読める。

もうひとつ面白い史料がある。『武家事紀』には、光秀反乱の原因が書いてある。

「光秀、稲葉が家臣斎藤内蔵助（利三）を老臣とす。稲葉これを信長に訴う。信長、この事を光秀に告ぐ。光秀肯ぜずして云いけるは、先手をつとめ軍用を弁ずる者は、人のかまいある良臣をたくわえずしては大功立てがたしと云う。信長、光秀を近く召して拳をもってこれを托開せらる。群臣列参の時分ゆえ、光秀大いに赤面す」

まず光秀は斎藤利三の稲葉家への帰参命令を拒み、激昂した信長に拳で打擲される。この辺は『稲葉家譜』と同じ展開だ。

さらに『武家事紀』はこうつづいている。

「源君（家康）安土へ来臨の馳走人として経営美を尽すの処、にわかに中国の加勢を承って、あまつさえ中国にて罪死せらるべき沙汰を聞いて、この悪逆（本能寺の変）を企てける」

〝罪死せらる〟とは誰のことか明示していないが、光秀ではなく斎藤利三だろう。いくらなんでも、光秀を罪死させるのは理屈に合わなすぎる。

注釈で「光秀密かに信長母儀に通ずるの由、人讒告する故」ともある。讒告は事実を曲げた虚偽の通報のこと。光秀が信長の母と通じているという虚偽の噂を、誰かが信長の耳にいれたのだ。

光秀の娘は、信長の甥の織田信澄に嫁いでいる。信澄は、信長に逆らった織田信勝の子だ。信長の母は織田信勝を溺愛していたので、その子の信澄と深い関係を持っていたとしても不思議ではない。事実、本能寺の変後に織田信澄は光秀との内通を疑われ、丹羽長秀によって殺されている。

信長は、斎藤利三を中国戦線で罪死させようとしたのだろう。処刑役は秀吉だ。

これは、『倭国伝』にある以下の記述と似てはいないか。

「信長は秀吉に命じ、兵を率いて彼(阿奇支)を討伐させた。ところが信長は家臣の明智の不意打ちにあって殺された」

また、光秀ではないが光秀周辺の人物に対する讒言があったのは確かなようだ。これによって、光秀の立場が著しく不利になったのかもしれない。

近衛前久によると、天正九年に安土の信長に長宗我部元親のことを讒言する佞人がいたという。これにより、信長と元親は断交寸前までいったが、近衛前久がとりなしたという書状が残っている。

長宗我部元親は、光秀家臣の斎藤利三の義妹を正室に迎えており、元親が不利になることは光秀の地位の低下を意味する。佞人による讒言は、事実上の光秀への攻撃と見ていい。藤田達生氏は『明智光秀伝』で、近衛前久が佞人と表現し実名をあげるのを憚《はばか》っていることから、高位の公家で元親と利害対立する者——一条内基《いちじょううちもと》、西園寺実益《さいおんじさねます》ら四国に所領を持つ公家大名ではないか、と書いている。

利三粛清の謀略

そして、巡りあわせも悪かった。

その前年、信長は北陸の有力者をたてつづけに粛清していた。その方法は、本国から呼び寄せ、信長の膝下の近江国で暗殺するという方法だ。

中国で光秀を殺すのは、さすがにその後の反乱などを考えるとありえない。危険が大きすぎる。だが、信長が中国に発つ光秀に、利三を秀吉に暗殺させることを言い含めることは十分にあるかもしれない。

前主（良通）の許可なく光秀旗下に移籍した利三は、信長にとっては十分に死罪に相当する。必罰を旨とする信長は、これを履行する強迫観念にかられた。

また、斎藤利三は四国の長宗我部との同盟にも尽力していた。

が、信長の四国政策の転換で長宗我部の所領が激減することになり、それに反対する長宗我部と戦端が開かれる寸前だった。稲葉家との確執も含めれば、信長にとっては利三の存在は邪魔なだけだ。

森乱が「明智の手の者」と言ったのは、明智姓をもらった斎藤利三粛清の命令を信長が下したことを知っていたため、その反撃を受けたと勘違いしたのかもしれない。

とはいえ、光秀の重臣の利三をいかにして秀吉は暗殺するか、という難題がある。中国戦線で暗殺しようにも、利三が気付きその旗下の兵とともに反乱すれば、それは松永久秀や荒木村重の謀反の二の舞になる。あまりにも危険が多い。

信長は、どうやって精兵を率いる斎藤利三を討とうとしたのか。

そこで思い出してほしいのは、信長が佐久間信盛追放時に筒井順慶に送った天正八年八月二十四日の書状だ。今一度、簡単な内容を掲載しておく。

「信盛親子は大坂での働きが不十分だったので、会稽を雪ぐ（汚名返上の働きをする）ように命じた。人数については一人も連れていかないように言い聞かせた。信盛を追って下々の者が所属を離れると支障があるので、決して通さないよう領国中に固く命令も下した。あなた（筒井順慶）も道をよく警戒して、信盛の跡を一人も追わせないように。油断は決してしないように」

大坂包囲戦で満足な働きがなかった信盛を、従者をひとりも同行させずに戦場へ送るよ

うに と命じた信長の書状だ。きっと筒井順慶だけでなく、多くの織田の家臣たちのもとにも送られただろう。

罪を犯せば、単身で過酷な戦場に送られるという罰もある——ということが織田家では周知されていた。五十歳を超えた信盛のような老将にも、である。

信長は、この信盛の処置を斎藤利三にも下したのではないだろうか。利三に旗下の兵や家臣の随身を認めずに、単身で戦場に送る。現代の目から見れば、あまりにも荒唐無稽な指示だ。が、佐久間信盛への前例がすでにある。こういう命令が下っても何らおかしくないのが織田家なのだ。

働きが鈍いというだけの罪科の信盛でさえ、部下をひとりも連れずに戦場送りにされたのだ。過去に稲葉良通のもとを離脱し、家中統制を乱し「信長勘当の者」になった利三にこの処遇が適用されても何ら不思議ではない——そう織田家の家臣たちは思うはずだ。あるいは、天正十年の安土城での饗応の時に、信長は光秀に利三を単身で戦場に送れと厳命したのかもしれない。

利三が離脱すれば、光秀軍団は弱体化する。光秀は激しく信長に反対しただろう。これが、信長の怒りをかう。

ルイス・フロイスの日本史にある、

「彼の好みにあわぬ要件で、明智が言葉を返すと、信長は立ち上がり、怒りをこめ一度か二度、明智を足蹴にした」

という事態に発展したのではないか。

斎藤利三は、単身戦場へと赴くことになった。喫緊の戦場は、中国、四国、北陸の三方面だ。利三は中国の戦場を選ぶであろう。光秀も中国への出陣が決まっていたからだ。光秀は表だって利三を助けることはできないが、裏で様々な便宜を図ることはできる。勝手知った仲間がいるのも、心強いはずだ。

こうして利三は単身、中国の戦場へと旅立つ用意をする。

信長は、そこまで見越していた。

中国にいる秀吉に、利三が部下を連れずに陣借りにくることを伝えた。そして、そこで利三を処刑するように言い含めた。利三を守る部下はいないので、簡単である。あるいは、中国の戦場までの道中で秘かに斎藤利三を殺める手筈だったかもしれない。

が、この謀は漏れた。

光秀は、利三が中国で秀吉によって暗殺される謀略を知り、彼を守るために信長を斃すことを決意する。

『倭国伝』にある秀吉に討伐を命じられた阿奇支が、斎藤利三だとすれば、色々な史料が矛盾なく通る。

ただ、問題は斎藤利三が明智姓をもらったという史料が見当たらないことだ。だからこの説（というか妄想）は、画竜点睛を欠いている。

最後に、本能寺の変の後の光秀らの末路を書いて終わりにしたい。

秀吉の前に敗北を喫し、光秀は逃亡途中に落武者狩りに襲われて絶命する。本能寺の変の戦功第一と呼ばれた斎藤利三は近江で捕まり、京都で処刑された。天正十年の六月十七日のことである。騒動の決着は完全についた。

捕らえたのは、近江の豪族の猪飼秀貞だ。光秀の元部下で、彼もまた光秀から明智姓をもらった男だった。

光秀の叛乱劇の幕を閉じたのが、明智姓を持つ者だったというのは、何とも皮肉である。

おわりに

『信長公記』の存在を知ったのは、高校生の頃だ。今から約三十年前のことで『ログイン』というパソコン雑誌の記事のひとつに、歴史ゲーム関連の流れで「桶狭間の奇襲はなかった」という説が紹介されていたのだ。そこに、公記の内容が詳しくのっていた。早速、それを特集した本を買ってみたが、文章が難しく意味はほとんどわからなかった。が、確かに隠密奇襲をしていないだろうことは読み取れた。

けれど、それだけだった。私はその頃は戦国時代よりも三国志にはまっていたのだ。守屋洋氏の『「三国志」の人物学』を読み、英雄たちがひどく人間臭いエピソードを持つことに驚いた。さらに、これらの逸話が『正史　三国志』という歴史書をもとにしていることを知った。高校生にしてはかなりの大枚をはたき『中国の思想・第四期　三国志』全五巻という本を買った。予約して本屋に引き取りに行った時、書店のおっちゃんの「君、随分と賢い本読むんやな」という言葉にひどく恥ずかしい思いをしたのをよく覚えている。

そこからしばらくして、歴史そのものから遠ざかる暮らしがつづいた。

再び歴史関連の書を手にとろうと思ったのは、歴史を題材にした小説を執筆しようと思ったからだ。二〇〇九年ぐらいだったと思う。私は三十代の後半に差し掛かろうとしていた。『ひまわりっ～健一レジェンド～』という東村アキコ氏の漫画を読んだ時だ。登場人物に三国志好きの腐女子がおり、彼女がプロ漫画家になるという話があった。ストーリーの中で、腐女子がデビューする作品が「三国志の英雄が現代に転生する」という内容だった。三国志をストレートにやっても市場はない。ならば、三国志をどう料理、再加工するか。

これが商業出版の世界なのか、と衝撃を受けた。

では、私だったらどんなものができるのか。その時、思いついたのが、昔の趣味である歴史だ。織田信長が三国志の世界にタイムスリップするというアイデアが閃いた。これならば、三国志ファンと戦国ファンの両方を獲得できると考えた。

小説家になりたかった私は、さっそくこれを形にしようと行動に移した。その時に資料として購入したのが、教育社新書の『信長公記』だった。これを十年以上愛用していたが、後に作家になってから金子拓先生からちくま学芸文庫の『現代語訳　信長公記（全）』を勧めてもらった（だけでなく献本で頂戴したと記憶している）。

読んでみて思ったのは、信長のパーソナリティの面白さだ。暴走族の総長のような若き頃の縦横無尽の暴れぶり、後半生のパリピのようなイベント漬けの日々。その中でも、合戦を渇望する姿。

信長のパーソナリティには明らかに偏りがあり、どうして彼はこういう風にしか生きられなかったのだろう、と不思議に思った。

と同時に、記述者の太田牛一にも興味がわいた。なぜ、信長をここまで執拗に記述しようとしたのだろうか。公記には、太田牛一自身のパーソナリティや心情も滲み出ているような気がする。荒木村重の一族が処刑された時、牛一は執拗にその様子を書くだけでなく、落命者の辞世の句を多く掲載している。他者への共感性に乏しい信長へのあてつけのように思えてしかたがなかった。

また、巻末の謝辞にも書いたが、信長のパーソナリティを記述するにあたり、ふたりの医師にご意見を頂戴した。パーソナリティ障害は知らない言葉だった。勉強してみて思ったのは、私自身にもいくつかあてはまるものがあるということだ。自己愛性パーソナリティ障害と回避性パーソナリティ障害だ。回避性パーソナリティ障害は、恥や屈辱に接する機会を過剰に避ける傾向がある性格のこと。他者のささいな一言に過剰に自分を取り繕ってしまい、後日、大変に後悔することが私にはままある。

あと、強迫性パーソナリティ障害もすこしあるような気がする。メリットが何もないルールを過剰に遵守している自分に、かなり後になって気づく時がある。どうも言葉を字面通り解釈してしまう傾向が強く（いわゆる「空気が読めない」）、そういう自分の性格の輪郭は、今回パーソナリティ障害や自閉スペクトラム症を勉強してよりくっきりと理解できるようになった。もちろん、専門家でない私が勝手に診断したことなので、医師にみてもらうとまた違った回答があるかもしれない。もし『木下公記』が出版されたら、誰かがそれを精神科医とともにぜひ読み解いてみてほしい。

『信長公記』の不思議なところは、読んでいると信長のパーソナリティに興味を持ち、それが深まると太田牛一のパーソナリティに及び、最終的には自分のパーソナリティを映す鏡のように思う時があることだ。桶狭間や長篠合戦の華やかなエピソードではなく、その隙間にある鷹狩りや相撲大会などの歴史的にはどうでもいい記事を読んでいると特にそれを強く感じる。

最後に私が考えた物語――信長が三国志の世界に転生する――は残念ながらまだ日の目を見ていない。が、その時に買ったものが糧となり、読みこんだものが肥しとなって、こうして新書という形に昇華できたのは感無量である。高校生の木下昌輝君もきっと驚いているだろう。

『信長公記』を基にした織田信長年表

（著者作成）

公記巻数	西暦	年号	
首巻	1534	天文3年	信長誕生
	1549	天文18年	織田信秀病死（51年52年説あり）
	1556	弘治2年	弟の織田信勝と争う
	1560	永禄3年	桶狭間の戦い
	1567	永禄10年	美濃を占領
巻一	1568	永禄11年	9月　義昭を奉じて上洛
巻二	1569	永禄12年	1月　本圀寺合戦
			2月　将軍御所普請開始
			8月　伊勢北畠家を攻撃
巻三	1570	元亀元年	4月　越前朝倉家を攻撃、浅井長政離反
			6月　姉川の合戦
			9月　摂津出陣中に大坂本願寺が挙兵
			12月　比叡山に逃げた朝倉浅井と和睦
巻四	1571	元亀2年	5月　長島一向衆を攻撃
			9月　比叡山を焼討
巻五	1572	元亀3年	5月　松永久秀離反

			12月　三方ヶ原の戦い
巻六	1573	天正元年	2月　義昭挙兵、7月に追放 8月　朝倉家浅井家が滅亡 9月　長島一向衆を攻撃
巻七	1574	天正2年	6月　武田が徳川領高天神城を占領 9月　長島一向衆を殲滅
巻八	1575	天正3年	5月　長篠の合戦 7月　光秀が賜姓任官で惟任日向守に 8月　越前一向衆を攻撃 11月　家督を信忠に譲る
巻九	1576	天正4年	1月　安土城築城開始 5月　大坂本願寺を攻撃し、信長負傷 7月　第一次木津川口の戦い
巻十	1577	天正5年	6月　安土に楽市楽座を発布 8月　勝家の加賀遠征／秀吉が戦線離脱 10月　松永久秀が滅亡 12月　秀吉が播磨但馬を占領
			5月　大雨で中国遠征を断念

巻十一	1578	天正6年	9月　越中に斎藤利治を派遣 10月　荒木村重が離反 11月　第二次木津川口の戦い
巻十二	1579	天正7年	3月　摂津の荒木村重を攻撃 5月　安土宗論 8月　光秀が丹波攻略 12月　荒木一族を処刑
巻十三	1580	天正8年	閏3月　大坂本願寺と和睦 8月　大坂本願寺炎上、佐久間信盛らを追放 8～12月【謎の空白期間】
巻十四	1581	天正9年	1月　左義長祭 2月　京都で馬揃え 6～7月　越中の諸侯を粛清 7月　安土城をライトアップ 8月　安土で馬揃え
巻十五	1582	天正10年	1月　安土城に諸将を招く、安土で左義長祭 3月　武田家が滅亡 6月　本能寺の変

参考文献

『現代語訳　信長公記（全）』太田牛一（著）榊山潤（訳）／筑摩書房
『完訳フロイス日本史』ルイス・フロイス（著）松田毅一（訳）川崎桃太（訳）／中央公論新社
『回想の織田信長　フロイス「日本史」より』ルイス・フロイス（著）松田毅一（編訳）川崎桃太（編訳）／中央公論新社
『籤引き将軍足利義教』今谷明／講談社
『織田信長家臣人名辞典』谷口克広／吉川弘文館
『新編武家事紀』山鹿素行／新人物往来社
『織豊期主要人物居所集成』藤井譲治（編）／思文閣出版
『織田信長文書の研究』奥野高広／吉川弘文館
『明智光秀伝　本能寺の変に至る派閥力学』藤田達生／小学館
『チャップリンとヒトラー　メディアとイメージの世界大戦』大野裕之／岩波書店
『倭国伝　全訳注　中国正史に描かれた日本』藤堂明保 竹田晃 影山輝國／講談社
『史料纂集（兼見卿記）』吉田兼見／続群書類従完成会
『言継卿記』山科言継／続群書類従完成会
『信長公記　戦国覇者の一級史料』和田裕弘／中央公論新社
『信長を操り、見限った男　光秀』乃至政彦／河出書房新社
『当代記　駿府記』続群書類従完成会

『耶蘇会の日本年報　第一輯』耶蘇会（編）村上直次郎（訳註）／拓文堂
『浅井氏三代』宮島敬一／吉川弘文館
『考古学推理帖』兼康保明／大巧社
『パーソナリティ障害　いかに接し、どう克服するか』岡田尊司／PHP研究所
『天才と発達障害』岩波明／文藝春秋
『こころの医学入門　医療・保健・福祉・心理専門職をめざす人のために』近藤直司（編）田中康雄（編）本田秀夫（編）／中央法規出版
『精神疾患』岩波明／KADOKAWA

参考論文

「『本城惣右衛門覚書』全文現代語訳」白峰旬／『十六世紀史論叢　第13号』／十六世紀史研究学会
「明智光秀の「名字授与」と家格秩序に関する小論」中脇聖／『日本史のまめまめしい知識　第三巻』日本史史料研究会編／岩田書院

謝辞

HM様とSY様には、精神医学の方面で様々な助言をいただきました。また、高島幸次先生には歴史について多くの知見を勉強させていただき、本稿執筆の大きな糧となりました。また資料整理について、FK様にも助力をいただきました。この場を借りまして、厚く御礼申し上げます。

木下昌輝（きのした　まさき）

1974年生まれ。奈良県出身。作家。近畿大学理工学部建築学科卒業。2012年「宇喜多の捨て嫁」でオール讀物新人賞を受賞しデビュー。著書に『宇喜多の捨て嫁』『人魚ノ肉』（文春文庫）、『宇喜多の楽土』『炯眼に候』（文藝春秋）、『戦国十二刻　終わりのとき』（光文社文庫）、『戦国十二刻　始まりのとき』（光文社）、『敵の名は、宮本武蔵』（角川文庫）、『兵』（講談社）、『絵金、闇を塗る』（集英社）、『金剛の塔』（徳間書店）、『天下一の軽口男』『秀吉の活』（幻冬舎文庫）、『信長、天を堕とす』（幻冬舎）、『まむし三代記』（朝日新聞出版）など。

文春新書

1277

信長《のぶなが》 空白《くうはく》の百三十日《ひやくさんじゆうにち》

2020年8月20日　第1刷発行
2020年9月5日　第2刷発行

著者　木下昌輝
発行者　大松芳男
発行所　株式会社　文藝春秋

〒102-8008　東京都千代田区紀尾井町3-23
電話（03）3265-1211（代表）

印刷所　理想社
付物印刷　大日本印刷
製本所　大口製本

定価はカバーに表示してあります。
万一、落丁・乱丁の場合は小社製作部宛お送り下さい。
送料小社負担でお取替え致します。

©Masaki Kinoshita 2020　Printed in Japan
ISBN978-4-16-661277-2

本書の無断複写は著作権法上での例外を除き禁じられています。
また、私的使用以外のいかなる電子的複製行為も一切認められておりません。

文春新書好評既刊

倉本一宏
藤原道長の権力と欲望
「御堂関白記」を読む
道長、行成、実資。平安貴族が遺した日記の読解から、人間・道長が生々しく浮かび上がる。天皇を退位させた最高権力者の実像とは？
915

山内昌之・佐藤　優
大日本史
博学無双の二人が、幕末から太平洋戦争までの「日本の最も熱い時代」を徹底討論。「日本とは何か」「日本人とは何か」が見える！
1150

本郷和人
日本史のツボ
土地、宗教、軍事、経済、地域、女性、天皇。七大テーマを押さえれば、日本史の流れが一気につかめる。人気歴史学者の明快日本史
1153

文藝春秋編
日本史の新常識
蘇我氏と藤原氏はなぜ繁栄したのか、秀吉の朝鮮出兵は愚策だったのか、坂本龍馬はなぜ暗殺されたのか、一流の執筆陣が解き明かす
1190

本郷和人
承久の乱
日本史のターニングポイント
後鳥羽上皇の北条義時追討命令に始まった「承久の乱」。ただ一度、官軍が負けた戦いの謎を『日本史のツボ』の著者が解き明かす
1199

文藝春秋刊